GRIPS BEWEISEN BEIM SCHEIßEN

Lieber Klo-Champion,

BOOM ! – du hältst gerade den geilsten Scheiß in deinen Händen!

Das ist kein normales Buch, das ist dein neuer bester Kumpel fürs große Geschäft.

Dein Partner für epische Kack-Sessions!
Danke, dass du "Grips beweisen beim Scheißen" zu deinem
Klo-Buddy gemacht hast.
Du gehörst offensichtlich zu den Menschen, die wissen:

GRIPS BEWEISEN BEIM SCHEIßEN

Ab jetzt wird jeder Toilettengang zur Quizshow!

... und du sitzt schon auf dem Kandidatenstuhl!

KACK-GESCHICHTE

Pro Frage ist eine Antwort richtig

Die Klo-Pioniere der Geschichte

Wo gab es die ersten richtigen Klos der Weltgeschichte?

a) Bei den Griechen ☐
b) Bei den Römern ☐
c) Bei den Indern ☐
d) Bei den Ägyptern ☐

Römische Kack-Kultur

Was war das Besondere an römischen Klos?

a) Goldenes Klopapier ☐
b) Private Kabinen ☐
c) Gruppenkacken mit Tratsch ☐
d) Klo-Sklaven ☐

Mittelalterliche Scheiß-Ideen

Warum hingen die Leute ihre Klamotten neben's Burg-Klo?

a) Als Deko ☐
b) Als Mottenkiller ☐
c) Als Notfallpapier ☐
d) Als Duftspender ☐

Der erste Spül-Meister

Wer erfand das erste Spül-Klo?

a) Thomas Crapper ☐
b) Sir John Harrington ☐
c) Leonardo da Vinci ☐
d) König Heinrich ☐

Burg-Klo Deluxe

Wo landete auf Burgen die braune Fracht?

a) Im Tunnel ☐
b) Im Burggraben ☐
c) Im Garten ☐
d) Im Fass ☐

Mittelalter-Multitasking

Was war die "Garderobe" im Mittelalter?

a) Ein Schrank ☐
b) Ein Kombi-Klo ☐
c) Ein Bad ☐
d) Eine Waschküche ☐

Modern Times

Seit wann haben die meisten ein Klo in der Wohnung?

a) Seit den Römern ☐
b) Seit dem Mittelalter ☐
c) Seit 1950 ☐
d) Seit 1800 ☐

THRONE DER WELT

High-Tech Japan

Was können moderne japanische Klos?

a) Gesundheitscheck ☐
b) Karaoke spielen ☐
c) Intimrasur ☐
d) Witze erzählen ☐

Öko-Kacker

Was macht ein Kompost-Klo?

a) Strom erzeugen ☐
b) Dünger herstellen ☐
c) Wasser reinigen ☐
d) Luft verbessern ☐

Gipfelstürmer

Wo steht Europas höchstes Klo?

a) Auf dem Matterhorn ☐
b) In den Schweizer Alpen ☐
c) Auf der Zugspitze ☐
d) Am Mont Blanc ☐

GRIPS BEWEISEN BEIM SCHEIßEN

Bambus-Klo

Warum bauen manche Länder Klos aus Bambus?

a) Ist billig ☐
b) Ist stabil ☐
c) Ist hübsch ☐
d) Ist traditionell ☐

Sonnenklo

Was tracken Solar-Klos in Indien?

a) Besucherzahlen ☐
b) Wasserverbrauch ☐
c) Stromkosten ☐
d) Geruchswerte ☐

Hock or not

Welches Klo ist in Asien am verbreitetsten?

a) Steh-Klo ☐
b) Hock-Klo ☐
c) Schwebe-Klo ☐
d) Sitz-Klo ☐

Feuer frei

Was macht ein Verbrennungs-Klo?

a) Heizt das Haus ☐
b) Macht Asche ☐
c) Erzeugt Strom ☐
d) Reinigt die Luft ☐

KURIOSE KLO-GESCHICHTEN

Das goldige Geschäft

Was stand 2016 im Guggenheim Museum?

a) Eine Diamant-Schüssel ☐
b) Ein goldenes Klo ☐
c) Ein Platin-Pissoir ☐
d) Eine Silber-Toilette ☐

Lebensretter

Was rettete 2009 einem Piloten das Leben?

a) Ein Klobrillenhersteller ☐
b) Ein Strohballen ☐
c) Ein Dixie-Klo ☐
d) Ein Busch ☐

Königliches Geschäft

Was gab es schon zu Zeiten von König Heinrich VIII.?

a) Goldene Klobrillen ☐
b) Gemeinschafts-Klos ☐
c) Parfümierte Toiletten ☐
d) Klo-Diener ☐

Klo-Restaurant

Was macht das "Modern Toilet" Restaurant besonders?

a) Kein Klopapier ☐
b) Essen aus Kloschüsseln ☐
c) Stehklos ☐
d) Goldene Toiletten ☐

Musik auf'm Klo

Was haben japanische Luxus-Klos gegen peinliche Geräusche?

a) Schalldichte Wände ☐
b) Eine Musikanlage ☐
c) Einen Ventilator ☐
d) Einen Wasserfall ☐

Archäologische Klo-Funde

Was lernen Forscher aus alten römischen Latrinen?

a) Römische Baukunst ☐
b) Essgewohnheiten ☐
c) Kleidungsstil ☐
d) Kampftechniken ☐

Space-Toilette

Was ist das Besondere an der NASA-Toilette von 2020?

a) Automatische Reinigung ☐
b) Wasserloses System ☐
c) Kacken in Schwerelosigkeit ☐
d) Pipi im Stehen für Frauen ☐

KLO-KULTUREN & TRENDS

Antikes Bad-Business

Wer verband Klogang mit Religion?

- a) Die Römer ☐
- b) Die Wikinger ☐
- c) Die indigenen Völker ☐
- d) Die Griechen ☐

Saubere Sache

Womit putzten sich die indigenen Völker Amerikas den Hintern?

- a) Mit Blättern ☐
- b) Mit Sand ☐
- c) Mit Federn ☐
- d) Mit Wasser ☐

Klo-Evolution

Was war der erste große Klo-Fortschritt?

- a) Wasserspülung ☐
- b) Klopapier ☐
- c) Abwasserkanäle ☐
- d) Klobrille ☐

Kultur-Clash

Was verwirrt Reisende in Japan am meisten?

a) Sprechende Klos ☐
b) Stehtoiletten ☐
c) High-Tech-Funktionen ☐
d) Goldene Klos ☐

Moderne Zeiten

Was ist der neueste Klo-Trend?

a) Singende Toiletten ☐
b) Gender-neutrale Klos ☐
c) Fliegende Toiletten ☐
d) Unterwasser-Klos ☐

Klo der Zukunft

Was können moderne Smart-Toiletten?

a) Fernsehen ☐
b) Gesundheits-Check ☐
c) Essen kochen ☐
d) Witze erzählen ☐

Umwelt-Klos

Welches Klo ist besonders umweltfreundlich?

a) Plumpsklo ☐
b) Kompostklo ☐
c) Dixi-Klo ☐
d) Hänge-Klo ☐

KRASSE KLO-REKORDE

Ohne Klo

Wie viele Menschen müssen draußen kacken?

a) 19 Millionen ☐
b) 119 Millionen ☐
c) 419 Millionen ☐
d) 819 Millionen ☐

Klo-Armut

Wie viele haben keine richtige Toilette?

a) 500 Millionen ☐
b) 1 Milliarde ☐
c) 2 Milliarden ☐
d) 3 Milliarden ☐

Klo-Business

Was bringt 1 Dollar in Klo-Hygiene?

a) 2 Dollar Gewinn ☐
b) 4 Dollar Gewinn ☐
c) 6 Dollar Gewinn ☐
d) 8 Dollar Gewinn ☐

Teures Geschäft

Wie viel kostet miese Klo-Hygiene pro Jahr?

a) 123 Milliarden ☐
b) 223 Milliarden ☐
c) 323 Milliarden ☐
d) 423 Milliarden ☐

Klo-Statistik

Wie viele haben ein sicheres Klo?

a) 37% der Menschen ☐
b) 47% der Menschen ☐
c) 57% der Menschen ☐
d) 67% der Menschen ☐

Gefährliches Geschäft

Wie viele sterben jährlich durch miese Klo-Hygiene?

a) 400.000 Menschen ☐
b) 800.000 Menschen ☐
c) 1,4 Millionen Menschen ☐
d) 2,4 Millionen Menschen ☐

Lebenszeit auf'm Thron

Wie lange verbringt ein Mensch im Durchschnitt auf dem Klo?

a) 1 Jahr ☐
b) 2 Jahre ☐
c) 3 Jahre ☐
d) 4 Jahre ☐

POETRY-SLAM AUF'M KLO

Die stille Reise

Vervollständige den Klospruch: "Hier sitze ich und drücke leise...

a) hoffe, es wird keine lange Reise ☐
b) auf meine schönste Weise ☐
c) mein Darm dreht seine Kreise ☐
d) dann kommt mir gleich die Scheiße ☐

Der königliche Thron

Vervollständige den Klospruch: "Hier sitze ich auf meinem Thron...

a) und pupse wie Napoleon ☐
b) die Krone ist der beste Lohn ☐
c) als König auf der Stat-i-on ☐
d) und drücke einen großen Ton ☐

Stille Runde

Vervollständige den Klospruch: "Hier sitz ich still zur Morgenrund...

a) die Zeit vergeht für eine Stund ☐
b) das tut der Seele richtig kund ☐
c) und warte auf das große Pfund ☐
d) und drück aus meinem Darmesgrund ☐

Klo-Meditationt

Vervollständige den Klospruch:
"In aller Ruhe sitz ich hier...

a) und trinke noch ein kühles Bier ☐
b) genieße meine Freizeit schier ☐
c) entspanne meine Därme mir ☐
d) und drücke wie ein wildes Tier ☐

Große Geschäfte

Vervollständige den Klospruch:
"Der Druck war groß, die Zeit war knapp...

a) die Last fällt endlich ab ☐
b) nun ist der Stress bald wieder ab ☐
c) jetzt sitz ich hier im Wellnessbad ☐
d) gleich geht die braune Masse ab ☐

Kluge Gedanken

Vervollständige den Klospruch:
"Die besten Ideen kommen mir...

a) nach einem kühlen Bier ☐
b) wenn meine Hand hält Klopapier ☐
c) hier in meinem Revier ☐
d) beim Kacken auf dem Klo allhier ☐

Stille Klage

Vervollständige den Klospruch: "Die Zeit ist knapp, denn der Druck ist groß...

a) nun sitz ich hier und lasse los ☐
b) es nützt nichts, raus muss's bloß ☐
c) mein Darm schreit: Lass es los ☐
d) wenns nicht geht, platzt die Hos ☐

Ob Dünnschiss oder fester Brei,

...dein Hirn ist heute mit dabei!

...und weiter gehts mit dem Quiz!

DARM-ALARM

Das ist der Weg

Wie lang ist dein Verdauungstrakt von Mund bis Po?

a) 3 Meter ☐
b) 6 Meter ☐
c) 9 Meter ☐
d) 12 Meter ☐

Zeitreise

Wie lange braucht das Essen von Mund bis Klo?

a) 10-20 Stunden ☐
b) 20-30 Stunden ☐
c) 30-40 Stunden ☐
d) 40-50 Stunden ☐

Schnelle Anpassung

Wie schnell stellen sich Darmbakterien auf neue Ernährung ein?

a) Nach 24 Stunden ☐
b) Nach 48 Stunden ☐
c) Nach 72 Stunden ☐
d) Nach einer Woche ☐

Magen-Power

Was produziert dein Magen zum Verdauen?

a) Orangensaft ☐
b) Salzwasser ☐
c) Magensäure ☐
d) Zitronensäure ☐

Darmsalat

Was lebt in deinem Darm?

a) Nur Bakterien ☐
b) Nur Pilze ☐
c) Nur Viren ☐
d) Bakterien, Pilze und Viren ☐

Verdauungs-Start

Wann beginnt die Verdauung?

a) Im Mund ☐
b) In der Speiseröhre ☐
c) Im Magen ☐
d) Im Darm ☐

Dickdarm-Fakten

Wie lange ist dein Dickdarm

a) 1-2 Meter ☐
b) 1,5-2,5 Meter ☐
c) 2-3 Meter ☐
d) 3-4 Meter ☐

Bauch-Gefühle

Glücks-Fabrik

Wo wird das meiste Serotonin hergestellt?

a) Im Gehirn ☐
b) In der Leber ☐
c) Im Darm ☐
d) Im Herz ☐

Stress-Alarm

Was macht Stress mit deinem Darm?

a) Gar nichts ☐
b) Stärkt ihn ☐
c) Bringt ihn durcheinander ☐
d) Beruhigt ihn ☐

Gefühls-Botschafter

Was verbindet Darm und Gehirn?

a) Nur Blutgefäße ☐
b) Der Vagusnerv ☐
c) Die Wirbelsäule ☐
d) Ein spezielles Organ ☐

Bakterien-Gefühle

Was passiert mit Darmbakterien bei negativen Gefühlen?

a) Bleiben gleich ☐
b) Vermehren sich ☐
c) Werden weniger vielfältig ☐
d) Verschwinden komplett ☐

Bauch-Entscheidung

Was macht dein Bauchgefühl wirklich?

a) Ist nur Einbildung ☐
b) Sendet echte Signale ☐
c) Täuscht dich ☐
d) Ist reiner Zufall ☐

Darm-Therapeut

Was hilft dem Darm bei negativen Gefühlen?

a) Nur Medikamente ☐
b) Nur Meditation ☐
c) Gesunde Ernährung ☐
d) Alles zusammen ☐

Gefühlvolle Bakterien

Wie beeinflussen Darmbakterien deine Stimmung?

a) Gar nicht ☐
b) Produzieren Hormone ☐
c) Machen nur Verdauung ☐
d) Stören nur ☐

VERDAUUNGS-CHAMPIONS

Säure-König

Wie sauer ist deine Magensäure?

a) Wie Cola ☐
b) Wie Essig ☐
c) Wie Batteriesäure ☐
d) Wie Zitrone ☐

Darm-Express

Wie schafft es dein Darm, das Essen zu transportieren?

a) Mit Magensaftschüben ☐
b) Mit einer Muskelwelle ☐
c) Mit Darmsaftschüben ☐
d) Mit Druckstößen ☐

Speichel-Rekord

Wie viel Spucke produzierst du am Tag?

a) 0,5 Liter ☐
b) 1 Liter ☐
c) 1,5 Liter ☐
d) 2 Liter ☐

Darm-Power

Wie viele Bakterien leben in deinem Darm?

a) Millionen ☐
b) Milliarden ☐
c) Billionen ☐
d) Billiarden ☐

Magenknurren

Wie oft knurrt dein Magen am Tag?

a) Nur wenn er leer ist ☐
b) Bei jeder Verdauung ☐
c) Alle 45-90 Minuten ☐
d) Nur beim Essen ☐

Enzym-Monster

Wo werden die meisten Verdauungsenzyme produziert?

a) Im Mund ☐
b) Im Magen ☐
c) In der Bauchspeicheldrüse ☐
d) Im Darm ☐

Darm-Oberfläche

Wie groß ist die Oberfläche deines Darms?

a) Wie ein DIN A4 Blatt ☐
b) Wie ein Handtuch ☐
c) Wie ein Fußballfeld ☐
d) Wie ein Tennisplatz ☐

VERDAUUNGS-PHASEN

Der erste Kontakt

Was passiert schon, bevor du den ersten Bissen nimmst?

a) Gar nichts ☐
b) Der Speichel fließt ☐
c) Der Magen knurrt ☐
d) Der Darm arbeitet ☐

Kopfphase

Was löst die erste Verdauungsphase aus?

a) Der erste Bissen ☐
b) Das erste Schlucken ☐
c) Der erste Geruch ☐
d) Das erste Kauen ☐

Phase Zwei

Was passiert in Phase 2 der Verdauung?

a) Speichelproduktion ☐
b) Magensaftbildung ☐
c) Darmverdauung ☐
d) Ausscheidung ☐

Magen-Tanz

Was macht der Magen mit dem Essen?

a) Schüttelt es ☐
b) Dreht es ☐
c) Knetet es ☐
d) Lagert es ☐

Phase Drei

Was ist die wichtigste Verdauungsphase?

a) Die Kopfphase ☐
b) Die Magenphase ☐
c) Die Darmphase ☐
d) Die Endphase ☐

Verdauungs-Team

Wer hilft dem Darm bei der Verdauung?

a) Nur die Leber ☐
b) Nur die Galle ☐
c) Nur die Bauchspeicheldrüse ☐
d) Alle zusammen ☐

Ruhephase

Was macht dein Verdauungssystem zwischen den Mahlzeiten?

a) Schläft komplett ☐
b) Produziert wenig Säure ☐
c) Arbeitet wie immer ☐
d) Macht Überstunden ☐

DEIN ZWEITES GEHIRN

Mega-Hirn

Wie viele Nervenzellen hat dein Darm?

a) 10 Millionen ☐
b) 50 Millionen ☐
c) 100 Millionen ☐
d) 500 Millionen ☐

Eigenständiges System

Was macht dein Darm-Nervensystem so besonders?

a) Braucht ständig Anweisungen ☐
b) Arbeitet mit dem Gehirn ☐
c) Funktioniert selbstständig ☐
d) Hört auf den Magen ☐

Darm-Power

Was steuert dein Darm alles selbst?

a) Nur Verdauung ☐
b) Nur Bewegung ☐
c) Nur Durchblutung ☐
d) Alles davon ☐

Doppelte Kontrolle

Wie viele große Nervennetze hat dein Darm?

a) Nur eins ☐
b) Zwei verschiedene ☐
c) Drei separate ☐
d) Vier kleine ☐

Sinnes-Champion

Was kann dein Darm alles spüren?

a) Nur Druck ☐
b) Nur Chemie ☐
c) Nur Bewegung ☐
d) Druck und Chemie ☐

Botenstoff-Party

Wie viele verschiedene Botenstoffe nutzt dein Darm?

a) Etwa 10 ☐
b) Etwa 20 ☐
c) Etwa 30 ☐
d) Etwa 40 ☐

Super-Sensoren

Was können die Nerven in deinem Darm?

a) Sehen ☐
b) Fühlen ☐
c) Hören ☐
d) Riechen ☐

BOTENSTOFFE & KOMMUNIKATION

Glücks-Produktion

Wie viel Serotonin wird im Darm hergestellt?

a) 50% des Körpers ☐
b) 70% des Körpers ☐
c) 80% des Körpers ☐
d) 90% des Körpers ☐

Doping im Darm

Wie viel Dopamin stellt dein Darm her?

a) 20% des Körpers ☐
b) 30% des Körpers ☐
c) 40% des Körpers ☐
d) 50% des Körpers ☐

Hormon-Helfer

Welcher Botenstoff wird NICHT hauptsächlich im Darm produziert?

a) Serotonin ☐
b) Dopamin ☐
c) Adrenalin ☐
d) Melatonin ☐

Nerven-Autobahn

Wie kommuniziert dein Darm mit dem Gehirn?

a) Per Funk ☐
b) Über den Vagusnerv ☐
c) Mit Hormonen ☐
d) Via Blutbahn ☐

Unabhängigkeits-Erklärung

Was macht dein Darm, wenn die Verbindung zum Gehirn unterbrochen wird?

a) Stellt die Arbeit ein ☐
b) Arbeitet weiter ☐
c) Wartet auf Befehle ☐
d) Geht schlafen ☐

Team-Player

Mit wem arbeitet dein Darm-Nervensystem zusammen?

a) Nur mit dem Gehirn ☐
b) Nur mit dem Magen ☐
c) Mit vielen Systemen ☐
d) Mit niemandem ☐

Kommunikations-Genie

In welche Richtung läuft die Kommunikation?

a) Nur zum Gehirn ☐
b) Nur vom Gehirn ☐
c) In beide Richtungen ☐
d) Gar nicht ☐

POWER-PRESS

Der Point of no Return

Was passiert beim Defäkationsreflex?

a) Eine kurze Denkpause ☐
b) Eine automatische Darmbewegung ☐
c) Der große Rückwärtsgang ☐
d) Ein Krampf im Schließmuskel ☐

Die Welle machen

Wie transportiert der Darm seinen Inhalt?

a) Mit der Expressbahn ☐
b) Durch Schütteln und Rütteln ☐
c) Mit einer Muskelwelle ☐
d) Per Rutschpartie ☐

Das zweite Gehirn

Wer ist der Chef im Darm?

a) Der innere Schweinehund ☐
b) Der Schließmuskel-Manager ☐
c) Das Stammhirn ☐
d) Das Darmnervensystem ☐

Der Countdown läuft

Was spürt den Druck im Darm?

a) Der Stress-O-Mat ☐
b) Spezielle Drucksensoren ☐
c) Der große Zeigefinger ☐
d) Ein eingebautes Barometer ☐

Die große Blockade

Was passiert bei träger Darmbewegung?

a) Der Darm macht Pause ☐
b) Alles läuft rückwärts ☐
c) Der Transport wird langsamer ☐
d) Die innere Blockade ☐

Der große Druck

Was messen die Darmsensoren?

a) Den Geschmack ☐
b) Die Tageszeit ☐
c) Die Temperatur ☐
d) Die Wandspannung ☐

Das große Finale

Wie funktioniert der Schließmuskel?

a) Als Doppel-Verschluss ☐
b) Wie eine Einbahnstraße ☐
c) Mit Turbo-Antrieb ☐
d) Nach dem Zufallsprinzip ☐

STÖRUNGS-MELDER

Die Notfall-Kaskade

Was macht der Körper bei extremem Stuhldrang?

a) Macht eine Pause ☐
b) Drückt die Snooze-Taste ☐
c) Schlägt Alarm ☐
d) Schaltet auf Durchzug ☐

Der Streik-Brecher

Was bringt einen trägen Darm in Schwung?

a) Eine Motivationsrede ☐
b) Bewegung und Ballaststoffe ☐
c) Gutes Zureden ☐
d) Ein Tritt in den Hinterne ☐

Der Timing-Experte

Wann arbeitet der Darm am fleißigsten?

a) Bei Vollmond ☐
b) Wenn man es eilig hat ☐
c) Nach dem Wecker ☐
d) Nach dem Essen ☐

Die Druck-Messung

Wie reagiert der Darm auf Überfüllung?

a) Mit einem Nickerchen ☐
b) Mit verstärkter Bewegung ☐
c) Mit einem Notruf ☐
d) Mit Arbeitsverweigerung ☐

Der Stress-Test

Was macht Stress mit dem Darm?

a) Bremst ihn aus ☐
b) Lässt ihn tanzen ☐
c) Macht ihn hyperaktiv ☐
d) Verwirrt ihn total ☐

Die Nerven-Sache

Wie viele "Gehirnzellen" hat der Darm?

a) Eine handvoll ☐
b) Ein paar Hundert ☐
c) So viel wie ein Taschenrechner ☐
d) Mehr als ein Katzengehirn ☐

Der Muskel-Profi

Wie funktioniert der Schließmuskel?

a) Kraftsport-Muskeln ☐
b) Yoga-Muskeln ☐
c) Automatische Muskeln ☐
d) Trainierte Sixpack-Muskeln ☐

DRUCK-CHECKER

Der Sensor-Meister

Was messen die Darm-Sensoren?

a) Die Temperatur ☐
b) Die Füllmenge ☐
c) Die Stimmung ☐
d) Die Zusammensetzung ☐

Die Muskel-Welle

Wie schnell bewegt sich der Darminhalt vorwärts?

a) Schneckentempo Plus ☐
b) Blitzgeschwindigkeit ☐
c) Im Rückwärtsgang ☐
d) Wie ein Güterzug ☐

Der Druck-Monitor

Ab wann meldet der Enddarm "voll"?

a) Bei einer Badewanne ☐
b) Bei kritischer Masse ☐
c) Bei einem Fingerhut voll ☐
d) Bei einer Tasse Volumen ☐

Die Kraft-Maschine

Wie stark ist der Schließmuskel?

a) Wie ein Gummiband ☐
b) Wie eine Handbremse ☐
c) Wie ein Notfall-Ventil ☐
d) Wie ein Schraubverschluss ☐

Der Zeit-Faktor

Wie lange dauert eine einzelne Darmkontraktion?

a) Eine halbe Minute ☐
b) Zwei bis drei Sekunden ☐
c) Eine Millisekunde ☐
d) Zehn Minuten ☐

Die Druck-Ampel

Wann schaltet der Darm auf "Los"?

a) Nach Lust und Laune ☐
b) Nach dem Countdown ☐
c) Bei kritischem Druck ☐
d) Beim dritten Kaffee ☐

Der Muskel-Mix

Wie arbeiten die Darmmuskeln?

a) Nach dem Zufallsprinzip ☐
b) Mit Schichtdienst ☐
c) Jeder für sich ☐
d) Im perfekten Teamwork ☐

DRUCK-SPEZIAL

Die Notfall-Zentrale

Wo sitzt der Chef der Darmbewegung?

a) Im Rückenmark ☐
b) Im Kontrollturm ☐
c) In der Kommandozentrale ☐
d) Im Darmgeflecht ☐

Der Transport-Express

Welcher Stoff macht den Darm munter?

a) Power-Drink Dopamin ☐
b) Müdemacher Melatonin ☐
c) Glückshormon Serotonin ☐
d) Stresshormon Adrenalin ☐

Die Muskel-Bremse

Was entspannt den Schließmuskel?

a) Die Not-Bremse ☐
b) Der Ruhe-Nerv ☐
c) Der Power-Nerv ☐
d) Der Panik-Knopf ☐

Der Druck-Test

Wo wird der meiste Druck erzeugt?

a) In der Mitte ☐
b) Im Enddarm ☐
c) Beim Start ☐
d) Im Bauchhirn ☐

Die Nerven-Sache II

Wie kommunizieren Darm und Hirn?

a) Mit Morsezeichen ☐
b) Durch Telepathie ☐
c) Über Nervenbahnen ☐
d) Per Botenstoffe ☐

Der Reflex-Checker

Was messen die Darmsensoren?

a) Nach dem Frühstück ☐
b) Bei Müdigkeit ☐
c) Im Schlaf ☐
d) Bei maximaler Dehnung ☐

Die Darm-Uhr

Was aktiviert den Darm am meisten?

a) Der Morgen ☐
b) Die Nahrungsaufnahme ☐
c) Der Abend ☐
d) Der Sport ☐

Und sollte es Dir den Arsch zerreißen,

..gehe niemals in der Pause scheißen.

...und weiter gehts mit dem Quiz!

KLO-KOPF-KINO

Der stille Schrei

Was passiert bei extremer Toiletten-Angst im Gehirn?

a) Fight-or-Flight-Reaktion ☐
b) Kreative Explosion ☐
c) Spontane Meditation ☐
d) Innere Einkehr ☐

Die Schatten-Sitzung

Welche Toiletten-Phobie ist am seltensten?

a) Angst vor sprechenden Toiletten ☐
b) Angst vor dem falschen Timing ☐
c) Angst vor Klo-Gespenstern ☐
d) Angst vor Spülgeräuschen ☐

Der geheime Code

Wie kommunizieren Toilettenängstliche untereinander?

a) Mit Klopfzeichen ☐
b) Durch geteilte Erfahrungen ☐
c) Per App ☐
d) Mit Geheimsprache ☐

Die Trauma-Taktik

Was löst Toiletten-Trauma meist aus?

a) Ein peinlicher Schulmoment ☐
b) Eine kaputte Klospülung ☐
c) Ein vergessener Schlüssel ☐
d) Eine gesperrte Kabine ☐

Der Psycho-Plot

Welche Theorie stammt von Freud?

a) Klo-Karma-Theorie ☐
b) Anale Phase ☐
c) Toiletten-Typologie ☐
d) Spülungs-Symbolik ☐

Die Ritual-Rebellion

Was hilft gegen zwanghafte Klo-Checks?

a) Positives Umdeuten ☐
b) Mehr Kontrolle ☐
c) Strenge Regeln ☐
d) Totale Vermeidung ☐

Der Selbst-Test

Woran erkennt man Toiletten-Stress?

a) Am Wasserverbrauch ☐
b) An Umwegen zur Arbeit ☐
c) Am Lieblingsessen ☐
d) An der Schuhwahl ☐

PSYCHO-PORZELLAN

Die Druck-Kontrolle

Was schätzen Menschen am meisten?

a) Goldene Wasserhähne ☐
b) Die eigene Toilette ☐
c) Warme Klobrillen ☐
d) Duftende Seife ☐

Die Hilfs-Mission

Was raten Psychologen bei Toiletten-Angst?

a) Konfrontations-Therapie ☐
b) Neue Hobbys suchen ☐
c) Viel Wasser trinken ☐
d) Yoga auf dem Klo ☐

Die Stress-Spirale

Was verschlimmert öffentliche Toiletten-Angst?

a) Falsche Uhrzeit ☐
b) Wartende Menschen ☐
c) Quietschende Türen ☐
d) Zu viel Deko ☐

Die Ausreden-Analyse

Was ist der häufigste Vorwand für den Toilettengang?

a) "Händewaschen" ☐
b) "Wichtiger Anruf" ☐
c) "Frische Luft" ☐
d) "Papierkram" ☐

Der Kontroll-Freak

Was verrät pedantisches Kloputzen?

a) Gute Erziehung ☐
b) Zwanghafte Züge ☐
c) Langeweile ☐
d) Reinigungstalent ☐

Die Flüster-Post

Was hilft gegen zwanghafte Klo-Checks?

a) Beziehungsprobleme ☐
b) Klopapier-Qualität ☐
c) Geheime Ängste ☐
d) Den Wetterbericht ☐

Der Not-Ausgang

Was ist der häufigste Fluchtgrund?

a) Fremde Geräusche ☐
b) Defekte Spülung ☐
c) Soziale Überladung ☐
d) Schlechte Belüftung ☐

TOILETTEN-TRAUMA-TEAM

Die Flucht-Route

Warum meiden Menschen öffentliche Toiletten?

a) Sparsames Verhalten ☐
b) Zu wenig Bewegung ☐
c) Angst vor Keimen ☐
d) Schlechtes Timing ☐

Der Panik-Plan

Welche Bewältigungsstrategie wirkt am besten?

a) Immer rennen ☐
b) Routinen entwickeln ☐
c) Augen zu und durch ☐
d) Nur noch daheim ☐

Die Notfall-Nummer

Was hilft bei akuter Klo-Panik?

a) Telefonieren ☐
b) Atemübungen ☐
c) Türklinke putzen ☐
d) Laut singen ☐

Der Selbst-Check

Welches Verhalten ist bedenklich?

a) Klo-Kartierung ☐
b) Morgendliche Routine ☐
c) Händewaschen ☐
d) Kabinen-Präferenz ☐

Die Trauma-Therapie

Was hilft langfristig am besten?

a) Vermeidungstaktik ☐
b) Verhaltenstherapie ☐
c) Vitaminpräparate ☐
d) Viel trinken ☐

Der Psycho-Trick

Was beruhigt gestresste Toilettengänger?

a) Laute Musik ☐
b) Eigenes Klopapier ☐
c) Digitale Ablenkung ☐
d) Duftendes Spray ☐

Die Gewohnheits-Falle

Welches Verhalten verstärkt die Angst?

a) Zu viel Kaffee ☐
b) Ständiges Aufschieben ☐
c) Schnelles Gehen ☐
d) Langes Schlafen ☐

PSYCHO-PORZELLAN-PANIK

Die Klopapier-Krise

Was verrät die Papier-Vorratshaltung?

a) Übertriebene Vorsorge ☐
b) Organisationstalent ☐
c) Angststörung ☐
d) Sparsamkeit ☐

Die Spülungs-Spirale

Was steckt hinter mehrfachem Spülen?

a) Wasserverschwendung ☐
b) Kontrollzwang ☐
c) Höflichkeit ☐
d) Technikliebe ☐

Der Hygiene-Horror

Welche Angst ist wissenschaftlich unbegründet?

a) Ansteckung durch Brillen ☐
b) Keime auf Türklinken ☐
c) Spritzwasser-Kontakt ☐
d) Luftübertragung ☐

Die Selbst-Sabotage

Was verschlimmert Toilettenängste?

a) Zu viel Internet-Recherche ☐
b) Regelmäßige Pausen ☐
c) Entspannungsübungen ☐
d) Routinebesuche ☐

Die Klo-Karriere

Welcher Beruf hat die meisten Toiletten-Sorgen?

a) Lehrer ☐
b) Pilot ☐
c) Kellner ☐
d) Bürokaufmann ☐

Die Psycho-Prophezeiung

Was wird zur selbsterfüllenden Prophezeiung?

a) Morgendliche Routine ☐
b) Erwartete Probleme ☐
c) Regelmäßige Checks ☐
d) Positive Gedanken ☐

Der Therapie-Test

Was hilft nicht bei Toilettenangst?

a) Achtsamkeit ☐
b) Totale Vermeidung ☐
c) Exposition ☐
d) Entspannung ☐

GRIPS BEWEISEN BEIM SCHEIßEN

Bist Du bereit, Dein Quiz-Wissen kreuzweise zu testen?

Eine handverlesene Auswahl unserer Themen,von erhaben bis verdauungsnah,
wartet darauf, von Dir gelöst zu werden!

GRIPS BEWEISEN BEIM SCHEIßEN

Kack Geschichten Kreuzworträtsel

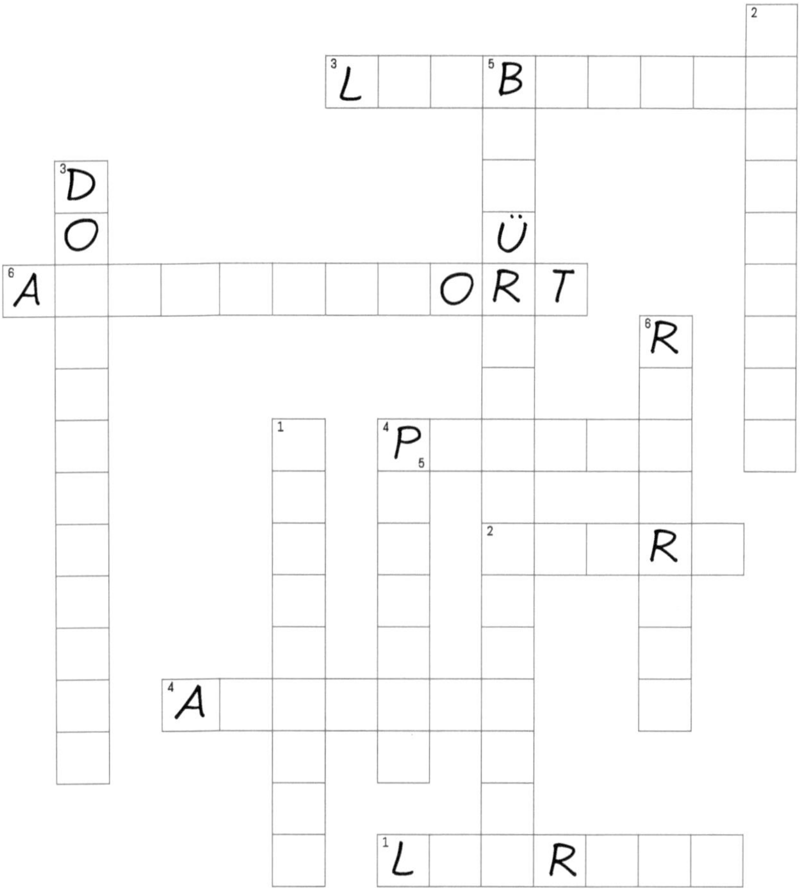

HORIZONTAL

1. Historische Toilettenanlage der Römer
2. Alte Bezeichnung für das stille Örtchen
3. Historischer Toilettenstuhl für Adelige
4. Historischer Begriff für Toilettengang
5. Mittelalterlicher Begriff für Toilettenraum
6. Viktorianischer Begriff für die Toilette

VERTIKAL

1. Tragbares Toilettengefäß früherer Zeiten
2. Einfaches Toilettenhäuschen über einer Grube
3. Historische Militärtoilette mit Holzbalken
4. Historisches französisches Urinal
5. Alte Bezeichnung für öffentliche Toilette
6. Historische Bezeichnung für Rückzug/WC

Throne der Welt Kreuzworträtsel

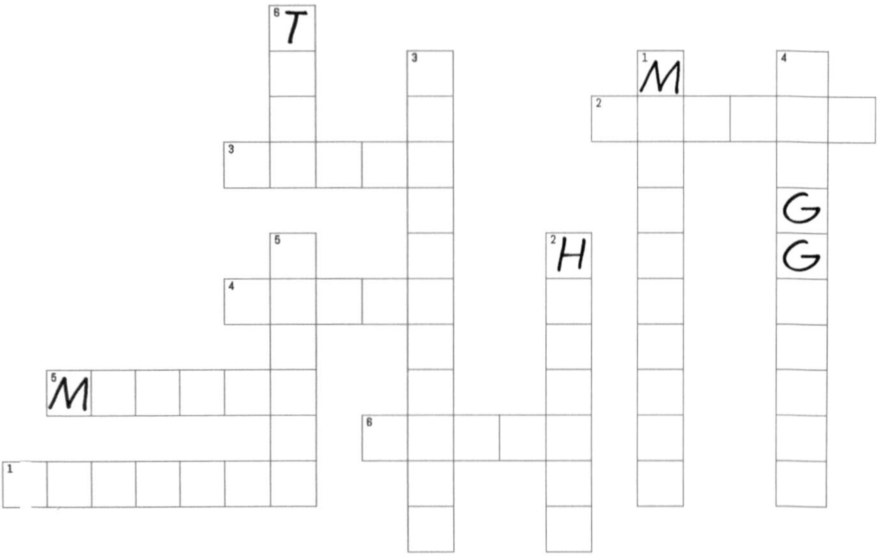

HORIZONTAL

1. Produkt der Kompost Toilette
2. Nachhaltiges Toilettenmaterial
3. Innovative Kloanlage in Indien
4. Mobiler Toilettenretter
5. Name eines Klo-Restaurants in Taiwan
6. Diskretes Feature in Japan

VERTIKAL

1. Europas höchstgelegene Toilette
2. Traditionelle asiatische Sitzposition
3. Alternative Entsorgungstechnik
4. Künstlerische Toiletteninstallation
5. Historischer Toilettenassistent
6. Japanische High-Tech Toiletten Marke

GRIPS BEWEISEN BEIM SCHEIẞEN

Klo-Kulturen und Trends Kreuzworträtsel

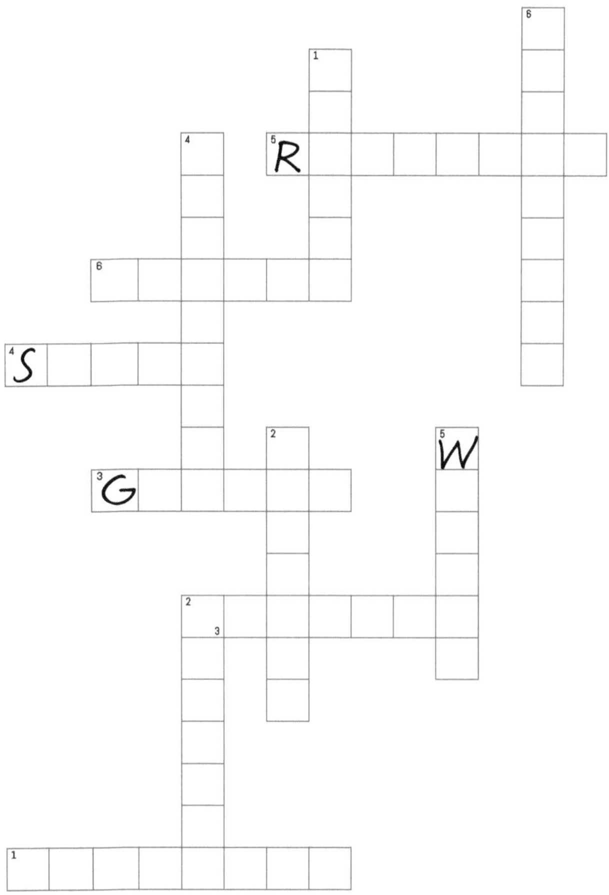

HORIZONTAL

1. Historisches Reinigungsmaterial Amerikas
2. Erster großer Fortschritt der Klogeschichte
3. Neuester Trend bei öffentlichen Toiletten
4. Moderne Toilette mit Gesundheitscheck
5. Schreibt weltweit verschiedene Toilettenregeln vor
6. Unterschiedliche Klogewohnheiten weltweit

VERTIKAL

1. Antike Verbindung von Klo und Religion
2. Verwirrende Aspekte japanischer Toiletten
3. Umweltfreundlichste Toilettenvariante
4. Entwicklungsgeschichte des Klos
5. Traditionelles Reinigungsmittel
6. Nachhaltiger Aspekt moderner Toiletten

GRIPS BEWEISEN BEIM SCHEIßEN

Krasse Klo-Rekorde Kreuzworträtsel

HORIZONTAL

1. Grund für viele Todesfälle
2. Erfüllen nur 47% der Toiletten weltweit
3. Grund für fehlende Sanitäranlagen
4. Fordert jährlich 1.4 Millionen Todesopfer
5. Wichtig für sichere Sanitäranlagen
6. Untersuchung globaler Sanitärstandards

VERTIKAL

1. Wichtige Versorgungseinrichtung
2. Zugang zu sauberen Anlagen
3. Organisation der Sanitärversorgung
4. Fortschritt im Sanitärbereich
5. Status sauberer Sanitäranlagen
6. Vorbeugung durch bessere Sanitäranlagen

Poetry Slam Auf'm Klo Kreuzworträtsel

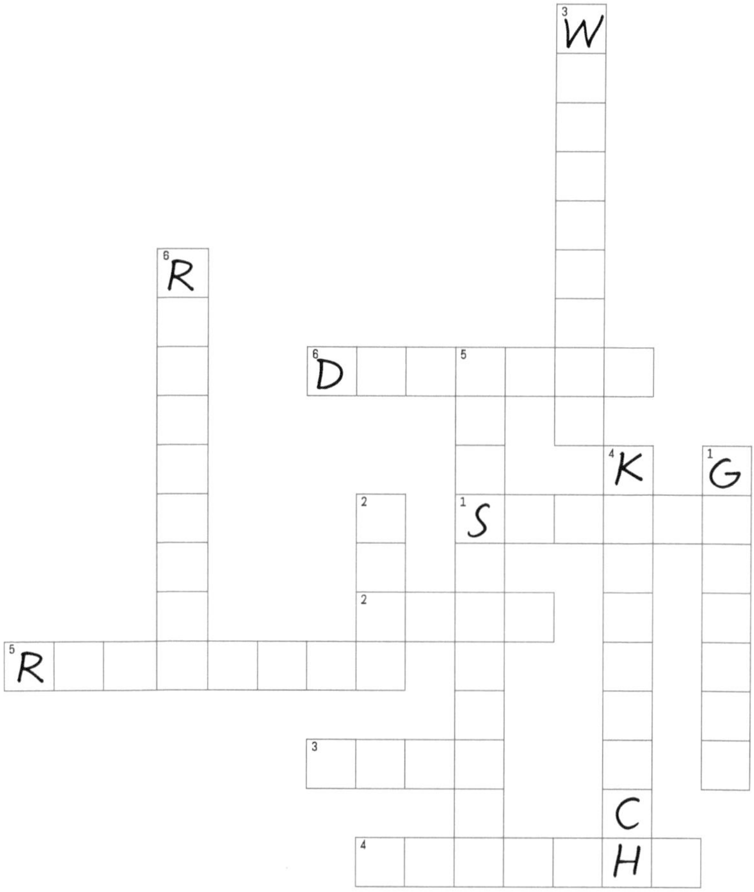

HORIZONTAL

1. Zeit der Ruhe und Kontemplation auf dem Klo
2. Klos sprechende Wortkunst
3. Künstler der stillen Momente
4. Mehrere Zeilen eines Kloreims
5. Fließender Takt der Toilettenpoesie
6. Verfasser von Toilettenlyrik

VERTIKAL

1. Poetische Form des Toilettenspruchs
2. Einzelne Zeile eines Klospruchs
3. Kreative Verwendung von Begriffen im Klospruch
4. Weisheiten der Porzellanschüssel
5. Stammgast mit poetischer Ader
6. Meisterhafte Beherrschung der Klolyrik

Darm-Alarm Kreuzworträtsel

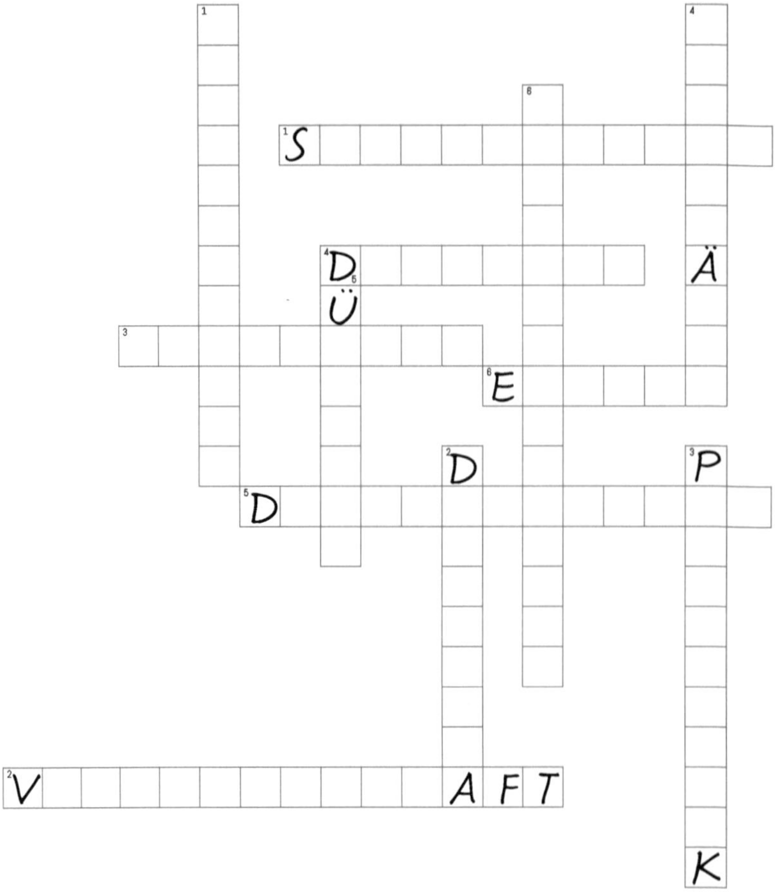

HORIZONTAL

1. Umwandlung im Körper
2. Flüssigkeit zur Nahrungszersetzung
3. Hauptverbindung zwischen Darm und Gehirn
4. Endstation der Verdauung
5. Mikroskopische Helfer
6. Proteine für die Verdauung

VERTIKAL

1. Der lange Weg der Nahrung
2. Bakterielle Besiedlung
3. Bewegung des Darms
4. Verdauungshelfer
5. Ort der Nährstoffaufnahme
6. Gesamtes System

GRIPS BEWEISEN BEIM SCHEIßEN

Verdauungs-Champions Kreuzworträtsel

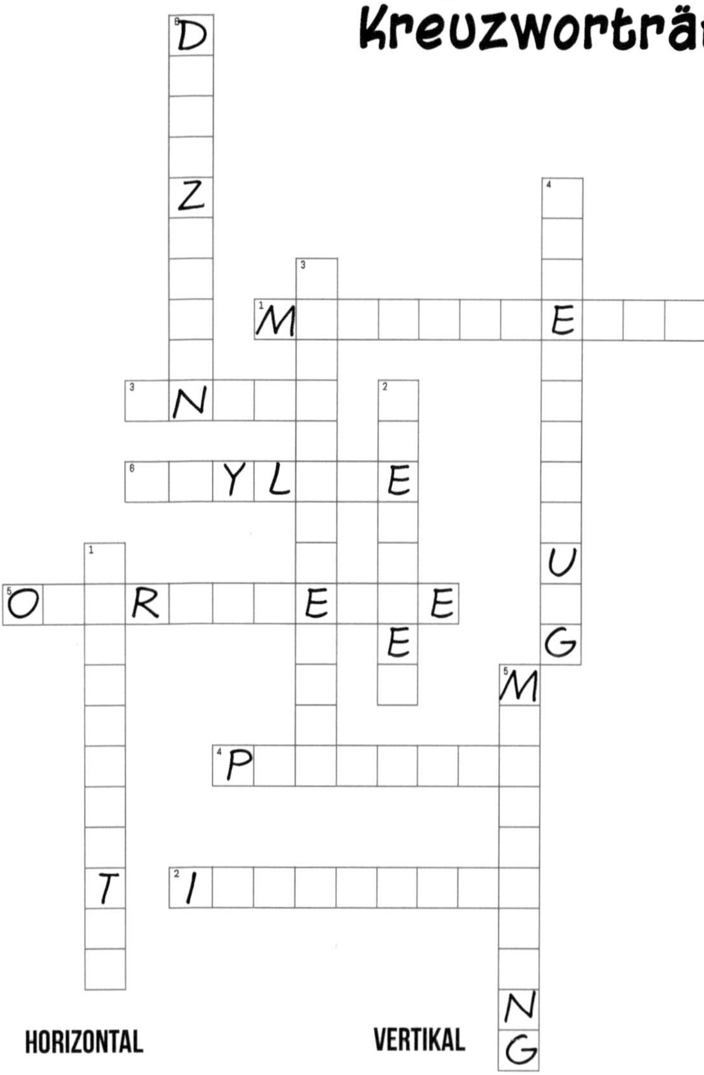

HORIZONTAL

1. Ätzend wie eine Batterie
2. 45-90 Minuten Magenaktivität
3. Startet Verdauung im Mund
4. Hauptproduzent der Verdauungsenzyme
5. Groß wie ein Fußballfeld
6. Erstes Verdauungsenzym im Mund

VERTIKAL

1. Transportwelle des Darms
2. Produziert 1.5 Liter am Tag
3. Billionen von Mikroorganismen
4. Löst Sättigungsgefühl aus
5. Kontrolliert Nahrungstransport
6. Vergrößern die Aufnahmefläche

Botenstoffe und Kommunikation Kreuzworträtsel

HORIZONTAL

1. Steuern die Darmaktivität
2. Hauptprodukt der Darmfabrik
3. Steuert sich unabhängig vom Gehirn
4. Informationsfluss in beide Richtungen
5. Automatische Darmbewegung
6. Läuft über spezielle Nervenbahnen

VERTIKAL

1. Wird kaum im Darm hergestellt
2. Nicht hauptsächlich aus dem Darm
3. Verbindung verschiedener Nervengeflechte
4. Zentrale der Darmbewegung
5. Entspannt durch den Ruhe-Nerv
6. Ort der stärksten Kontraktion

Powerpress Kreuzworträtsel

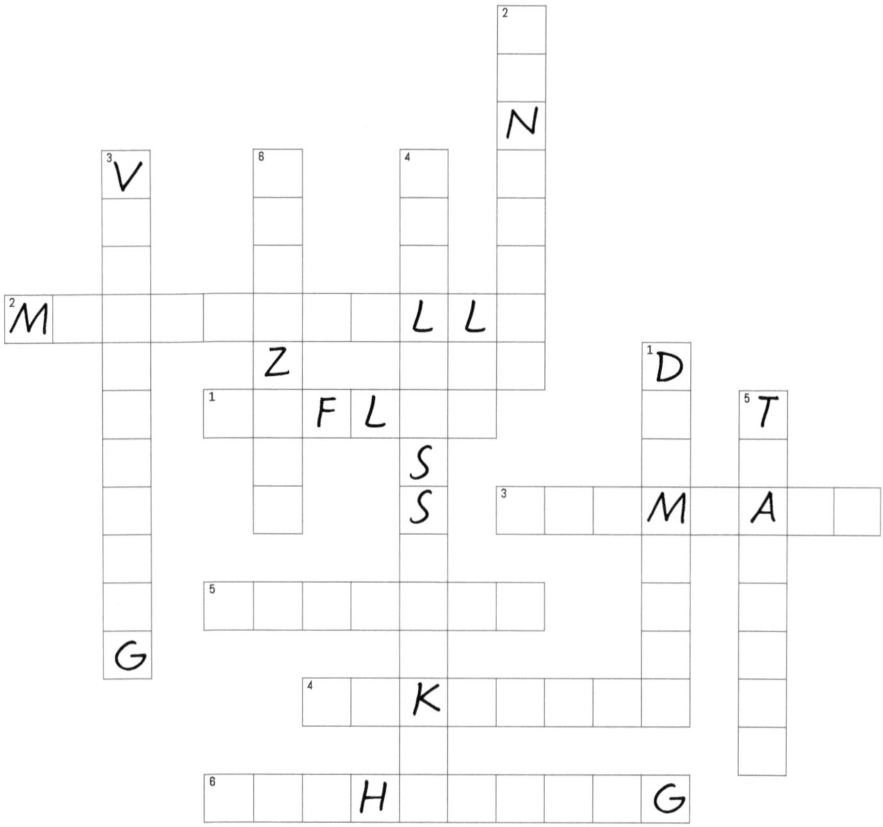

HORIZONTAL

1. Automatische Darmbewegung beim Drücken
2. Transportiert den Darminhalt vorwärts
3. Enthält Dehnungsmesser für Druck
4. Darmkontraktion dauert zwei bis drei
5. Maximaler Druck löst Entleerung aus
6. Reflexauslöser im Enddarm

VERTIKAL

1. Chef der autonomen Darmbewegung
2. Spezielle Druckmesser im Darm
3. Folge träger Darmbewegung
4. Doppelter Verschlussmechanismus am Ende
5. Darmmuskeln arbeiten perfekt zusammen
6. Aktiviert die Darmbewegung am stärksten

Psycho Porzelan Kreuzworträtsel

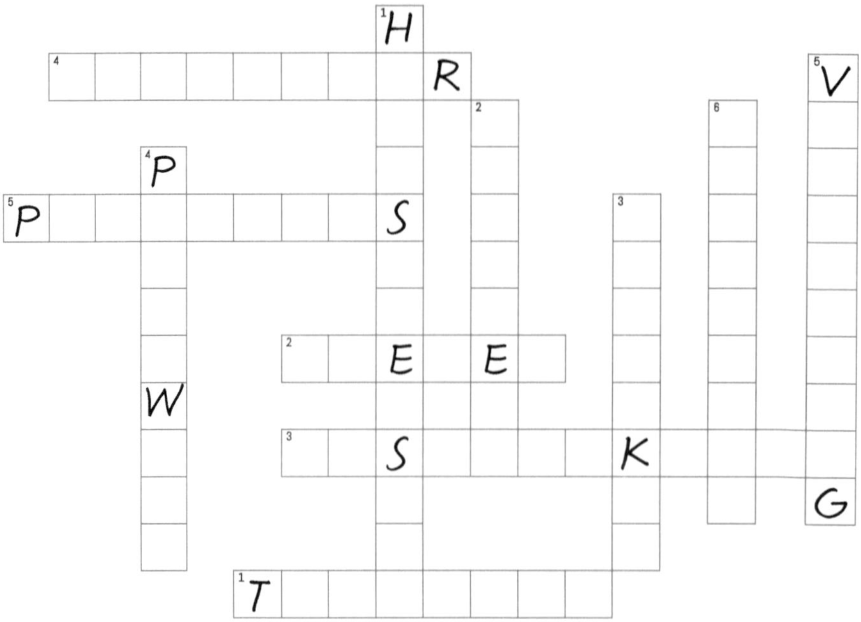

HORIZONTAL

Across:

1. Sollte man bei Toilettenangst machen
2. Quietschen macht nervös von?
3. Übertriebene Hygienemaßnahmen
4. Die Klobrille muss komplett abgedeckt werden mit
5. Angst vor öffentlichen Toiletten

VERTIKAL

1. Heimische Toilette wird bevorzugt
2. Übertriebene Vorratshaltung von Klopapier
3. Häufiger Ursprung der Toilettenangst
4. Übermäßiges Reinigen der Toilette
5. Umwege um öffentliche Toiletten
6. Problematisch bei vollem Vorraum

Willkommen in der wundersamen Welt der Wildscheiße!

Von Elefantenhaufen bis Dungkäfer-Dinner. Tauche ein in unser tierisches Quiz!

TIERISCHE KLO-FAKTEN I

Der große Gleichmacher

Wie lange brauchen die meisten Säugetiere durchschnittlich zum "Großen Geschäft"?

a) 5 Sekunden ☐
b) 12 Sekunden ☐
c) 30 Sekunden ☐
d) Je nach Größe unterschiedlich ☐

Faultier-Fitness

Wie oft steigt ein Faultier zum Klo von den Bäumen herab?

a) Täglich ☐
b) Einmal pro Woche ☐
c) Alle drei Wochen ☐
d) Nur bei Vollmond ☐

Schwimmer oder Sinker?

Was unterscheidet den Kot von Pflanzenfressern und Fleischfressern?

a) Die Farbe ☐
b) Der Geruch ☐
c) Die Schwimmfähigkeit ☐
d) Die Form ☐

Gemeinschaftsklo

Welche Tiere nutzen gemeinsame Toiletten als soziale Treffpunkte?

a) Nur Primaten ☐
b) Waschbären, Elefanten und Hirsche ☐
c) Ausschließlich Raubtiere ☐
d) Nur nachtaktive Tiere ☐

Der älteste Abort

Wie alt ist die älteste fossil nachgewiesene öffentliche Toilette?

a) 10.000 Jahre ☐
b) 50.000 Jahre ☐
c) 1 Million Jahre ☐
d) 240 Millionen Jahre ☐

Duftnoten-Ranking

Wessen Hinterlassenschaften riechen laut Forschung am intensivsten?

a) Tiger und Nashorn ☐
b) Elefant und Nilpferd ☐
c) Hyäne und Wolf ☐
d) Gorilla und Orang-Utan ☐

Stinkende Wissenschaft

Wofür wurde die Erforschung tierischer Toilettengewohnheiten praktisch genutzt?

a) Achtsamkeit ☐
b) Totale Vermeidung ☐
c) Exposition ☐
d) Entspannung ☐

TIERISCHE KLO-FAKTEN II

Dünger-Dilemma

Was macht Hundekot in der Stadt so problematisch?

a) Er enthält gar keine Nährstoffe ☐
b) Ist zu konzentriert an einzelnen Stellen ☐
c) Er enthält die falschen Nährstoffe ☐
d) Er zersetzt sich zu langsam ☐

Der große Gurken-Deal

Welches Tier hilft der Aardvark-Gurke bei ihrer Vermehrung?

a) Die Ameise ☐
b) Das Erdferkel ☐
c) Der Elefant ☐
d) Der Gepard ☐

Pilz-Party

Wo wächst der Pilz Hebeloma radicosum am liebsten?

a) Auf alten Baumstümpfen ☐
b) In Maulwurf-Toiletten ☐
c) Unter Eichen ☐
d) In Flussnähe ☐

Recycling-Meister

Warum fressen manche Tiere ihren eigenen Kot?

a) Aus Langeweile ☐
b) Zur Reviermarkierung ☐
c) Für zusätzliche Nährstoffe ☐
d) Bei Futtermangel ☐

Elefanten-Express

Welcher Vorteil hilft großen Tieren wie Elefanten beim Kacken?

a) Sie haben mehr Muskeln ☐
b) Sie stehen höher über dem Boden ☐
c) Sie haben eine dickere Schleimschicht ☐
d) Sie haben einen längeren Darm ☐

Toiletten-Taktik

Warum vermeiden Wölfe es, in der Nähe ihrer Schlafplätze zu kacken?

a) Aus Hygienebewusstsein ☐
b) Zur Feindvermeidung ☐
c) Wegen des Geruchs ☐
d) Aus sozialem Verhalten ☐

Die große Anpassung

Wie reagieren Wildtiere, wenn ihr üblicher Toilettenplatz durch Menschen verschmutzt ist?

a) Sie suchen sich neue Gebiete ☐
b) Sie bleiben trotzdem dort ☐
c) Sie graben Löcher ☐
d) Sie markieren häufiger ☐

TIERISCHE KLO-FAKTEN III

Der große Anpassungskünstler

Was passiert mit der Häufigkeit des Pinkelns, wenn ein Tier vom Säugling zum Jungtier wird?

a) Sie bleibt gleich ☐
b) Sie wird häufiger ☐
c) Sie nimmt ab ☐
d) Sie wird unregelmäßiger ☐

Kack-Kompass

Wie wählen die meisten Wildtiere ihre Toilettenplätze aus?

a) Möglichst nah am Schlafplatz ☐
b) Nur in der prallen Sonne ☐
c) Weit weg von Fress- und Schlafplätzen ☐
d) Ausschließlich an Wasserstellen ☐

Dungkäfer-Dinner

Was entwickelt sich oft auf den "Toiletten-Hügeln" der Tiere?

a) Giftige Pilze ☐
b) Kleine Insektenkolonien ☐
c) Neue Pflanzenarten ☐
d) Heilende Kräutere ☐

Chemie-Labor

Was verraten die verschiedenen Kottypen über die Verdauung?

a) Das Alter des Tieres ☐
b) Die Stimmung ☐
c) Die Verdauungseffizienz ☐
d) Die Schlafgewohnheiten ☐

Umwelt-Update

Was passiert, wenn Tiere durch Umweltverschmutzung ihre Toilettenplätze ändern müssen?

a) Bessere Muskeln ☐
b) Dickerer Schleim ☐
c) Größerer Druck ☐
d) Mehr Ballaststoffe ☐

Das Parfüm

In welcher Jahreszeit markieren die meisten Tiere ihr Revier besonders intensiv?

a) Im Winter ☐
b) Im Frühling ☐
c) Im Sommer ☐
d) Im Herbst ☐

Tiere als Gärtner

Welche wichtigen Nährstoffe liefern Tiere durch ihre Ausscheidungen hauptsächlich an Pflanzen?

a) Calcium und Magnesium ☐
b) Stickstoff und Phosphor ☐
c) Eisen und Zink ☐
d) Kalium und Natrium ☐

VERDAUUNGS-PROFIS

Der große Unterschied

Was unterscheidet das Verdauungssystem eines Fleischfressers von dem eines Pflanzenfressers am deutlichsten?

a) Die Länge des Darms ☐
b) Die Farbe der Organe ☐
c) Die Position des Magens ☐
d) Die Form der Leber ☐

Magen-Meister

Welche besondere Anpassung haben Pflanzenfresser für die Verdauung?

a) Zwei Mägen ☐
b) Spezielle Fermentationskammern ☐
c) Einen Giftstoffdetektor ☐
d) Einen eingebauten Mixer ☐

All you can eat

Warum können Allesfresser wie Bären und Menschen so unterschiedliche Nahrung verdauen?

a) Sie haben zwei Verdauungssysteme ☐
b) Sie kombinieren Merkmale von Pflanzen- und Fleischfressern ☐
c) Sie verdauen nur die Hälfte ☐
d) Sie essen nur vorverdaute Nahrung ☐

Chemisches Wunder

Wo beginnt die chemische Verdauung bei den meisten Tieren?

a) Im Magen ☐
b) Im Maul ☐
c) Im Darm ☐
d) In der Speiseröhre ☐

Effektivitäts-Test

Was macht den Magen zu einer so effektiven Verdauungsstation?

a) Seine Größe ☐
b) Seine hohe Säurekonzentration ☐
c) Seine Temperatur ☐
d) Seine Beweglichkeit ☐

Team-Chef

Welches Organ ist NICHT direkt an der Verdauung beteiligt?

a) Leber ☐
b) Bauchspeicheldrüse ☐
c) Milz ☐
d) Dünndarm ☐

Energie-Bilanz

Warum haben Fleischfresser einen kürzeren Verdauungstrakt?

a) Sie sind fauler ☐
b) Fleisch ist leichter verdaulich ☐
c) Sie haben weniger Zeit ☐
d) Sie bewegen sich mehr ☐

UMWELT UND ÖKOLOGIE

Stinkende Statistik

Um wieviel Prozent kann Hundekot den Phosphoreintrag in der Natur reduzieren, wenn er aufgesammelt wird?

a) um 56% ☐
b) um 75% ☐
c) um 87% ☐
d) um 97% ☐

Blumen-Booster

Was passiert, wenn zu viele Nährstoffe aus Tierkot in ein Ökosystem gelangen?

a) Alle Pflanzen wachsen besser ☐
b) Bestimmte Pflanzen verdrängen andere ☐
c) Es gibt mehr Insekten ☐
d) Der Boden wird trockener ☐

Kreislaufwirtschaft der Wildnis

Welche Rolle spielen Wildtier-Köttel im Nährstoffkreislauf?

a) Sie sind reiner Abfall in der Natur ☐
b) Sie dienen nur zur Reviermarkierung ☐
c) Sie verteilen Nährstoffe gleichmäßig im Ökosystem ☐
d) Sie stören das natürliche Gleichgewicht ☐

Fossil-Finder

Wofür nutzen Wissenschaftler fossile Exkremente (Koproliten)?

a) Zur Altersbestimmung ☐
b) Zur Klimaforschung ☐
c) Zur Artbestimmung ☐
d) Als Schmuck ☐

Käfer-Karriere

Welche Insekten sind besonders wichtig für die Verarbeitung von Tierkot?

a) Ameisen und Bienen ☐
b) Dungkäfer und Fliegen ☐
c) Libellen und Mücken ☐
d) Heuschrecken und Grillen ☐

Naturschutz-Wächter

Was kann zu viel Hundekot in Naturschutzgebieten bewirken?

a) Den Boden übersäuern ☐
b) Pflanzen schneller wachsen lassen ☐
c) Mehr Vögel anlocken ☐
d) Die Luft verbessern ☐

Öko-Balance

Welcher Tiergruppe ihre Ausscheidungen sind besonders wichtig für Waldökosysteme?

a) Raubtiere ☐
b) Pflanzenfresser ☐
c) Vögel ☐
d) Insekten ☐

SPEZIELLE ARTEN & IHRE TRICKS

Sloth Life

Wieviel Energie verbraucht ein Faultier bei seinem Gang zur Toilette?

a) 2% der Tagesenergie ☐
b) 5% der Tagesenergie ☐
c) 8% der Tagesenergie ☐
d) 15% der Tagesenergie ☐

Nachtisch gefällig?

Welche Tiere kommen zum Faultier-Klo?

a) Ameisen und Käfer ☐
b) Motten und ihre Larven ☐
c) Vögel und Fledermäuse ☐
d) Würmer und Schnecken ☐

Duft-Champion

Welche Tierart produziert laut Forschung den "intensivsten" Kot?

a) Elefant ☐
b) Tiger ☐
c) Gorilla ☐
d) Nilpferd ☐

Wölfe unter sich

Wie markieren Wölfe ihr Territorium?

a) Nur an Bäumen ☐
b) Nur an Steinen ☐
c) An strategischen Punkten ☐
d) Zufällig verteilt ☐

Elefanten-Etikette

Was ist das Besondere an Elefanten-Toiletten?

a) Sie sind besonders tief ☐
b) Sie werden gemeinschaftlich genutzt ☐
c) Sie sind immer am Wasser ☐
d) Sie werden täglich gewechselt ☐

Panda-Wissen

Was ist das Besondere am Kot des Pandas?

a) Er ist besonders farbenfroh ☐
b) Er riecht am wenigsten ☐
c) Er leuchtet im Dunkeln ☐
d) Er ist besonders schwer ☐

Nashorn-News

Wie kommunizieren Nashörner über ihre Haufen?

a) Über die Größe ☐
b) Über den Geruch ☐
c) Über die Position ☐
d) Über alles davon ☐

Da nützt kein Schütteln und kein Klopfen

... in die Hose geht der letzte Tropfen

Stille Örtchen im Rampenlicht!

Von Einsteins Gedankenblitz bis zum King of Pop. Findest Du die versteckten Details?

BILDERSUCHRÄTSEL 1

ORIGINAL

ORIGINAL

FÄLSCHUNG - MIT 5 FEHLERN

FÄLSCHUNG - MIT 5 FEHLERN

BILDERSUCHRÄTSEL 2

ORIGINAL

ORIGINAL

FÄLSCHUNG - MIT 5 FEHLERN

FÄLSCHUNG - MIT 5 FEHLERN

BILDERSUCHRÄTSEL 3

ORIGINAL

ORIGINAL

FÄLSCHUNG - MIT 5 FEHLERN

FÄLSCHUNG - MIT 5 FEHLERN

BILDERSUCHRÄTSEL 4

ORIGINAL

ORIGINAL

FÄLSCHUNG - MIT 5 FEHLERN

FÄLSCHUNG - MIT 5 FEHLERN

BILDERSUCHRÄTSEL 5

ORIGINAL

ORIGINAL

FÄLSCHUNG - MIT 5 FEHLERN

FÄLSCHUNG - MIT 5 FEHLERN

GRIPS BEWEISEN BEIM SCHEIßEN

BILDERSUCHRÄTSEL 6

ORIGINAL

ORIGINAL

FÄLSCHUNG - MIT 5 FEHLERN

FÄLSCHUNG - MIT 5 FEHLERN

BILDERSUCHRÄTSEL 7

ORIGINAL

ORIGINAL

FÄLSCHUNG - MIT 5 FEHLERN

FÄLSCHUNG - MIT 5 FEHLERN

BILDERSUCHRÄTSEL 8

ORIGINAL

ORIGINAL

FÄLSCHUNG - MIT 5 FEHLERN

FÄLSCHUNG - MIT 5 FEHLERN

Na, alles rausgequetscht?

... hier kommen die Lösungen!

KACK-GESCHICHTE

Die Klo-Pioniere der Geschichte

LÖSUNG: c) Bei den Indern

ERKLÄRUNG: Die Indus-Tal Zivilisation hatte vor etwa 5000 Jahren nicht nur einfache Löcher, sondern echte Ziegelstein-Toiletten mit einem ausgeklügelten Abwassersystem - das war damals revolutionär!

Römische Kack-Kultur

LÖSUNG: c) Gruppenkacken mit Tratsch

ERKLÄRUNG: Die Römer sahen Toilettengänge als soziales Event. In den öffentlichen Latrinen saßen sie nebeneinander, tratschten über Politik und Klatsch - quasi das antike Social Network!

Mittelalterliche Scheiß-Ideen

LÖSUNG: b) Als Mottenkiller

ERKLÄRUNG: Der Ammoniak-Geruch aus den Toiletten vertrieb tatsächlich die Motten aus der Kleidung. Eine frühe Form der biologischen Schädlingsbekämpfung!

Der erste Spül-Meister

LÖSUNG: b) Sir John Harrington

ERKLÄRUNG: Ein englischer Höfling, der 1596 die erste Spültoilette erfand - und zwar für Queen Elizabeth I. Ein echter "Thron" sozusagen!

Burg-Klo Deluxe

LÖSUNG: b) Im Burggraben

ERKLÄRUNG: Alle Ausscheidungen landeten direkt im Burggraben. Das war nicht nur praktisch, sondern hielt auch ungebetene Besucher fern!

Mittelalter-Multitasking

LÖSUNG: b) Ein Kombi-Klo

ERKLÄRUNG: Die "Garderobe" war Toilette und Kleiderschrank in einem. Der Name wird heute noch für Kleiderschränke benutzt - zum Glück nur der Name!

Modern Times

LÖSUNG: c) Seit 1950

ERKLÄRUNG: Erst in den 1950er Jahren wurden Toiletten im Haus zum Standard. Davor war der Gang "zum stillen Örtchen" oft wirklich noch ein längerer Gang!

THRONE DER WELT

High-Tech Japan

LÖSUNG: a) Gesundheitscheck

ERKLÄRUNG: Moderne japanische Toiletten können tatsächlich Gesundheitswerte wie Blutzucker messen - ein medizinisches Labor direkt unterm Hintern!

Öko-Kacker

LÖSUNG: b) Dünger herstellen

ERKLÄRUNG: Kompost-Toiletten verwandeln das große Geschäft in wertvollen Dünger - aus Kacke wird Kornblume!

Gipfelstürmer

LÖSUNG: b) In den Schweizer Alpen

ERKLÄRUNG: Auf 2.730 Metern steht eine einsame Toilette in den Schweizer Alpen - das höchste stille Örtchen Europas mit Panoramablick!

Bambus-Klo

LÖSUNG: b) Ist stabil

ERKLÄRUNG: Bambus ist tatsächlich so stabil wie Stahl und dabei viel umweltfreundlicher. Ein echtes Naturtalent für nachhaltige Notdurft!

Sonnenklo

LÖSUNG: a) Besucherzahlen

ERKLÄRUNG: Diese High-Tech-Klos in Indien tracken per GPS, wie viele Besucher wie lange das stille Örtchen nutzen - Big Brother is watching you!

Hock or not

LÖSUNG: b) Hock-Klo

ERKLÄRUNG: Das traditionelle Hock-Klo ist in Asien Standard und soll sogar gesünder sein als unsere Sitz-Toiletten. Ein Fall für die Hocke!

Feuer frei

LÖSUNG: b) Macht Asche

ERKLÄRUNG: Verbrennungs-Toiletten verbrennen alles zu steriler Asche - praktisch für Orte ohne Kanalisation und perfekt für Pyromanen!

KURIOSE KLO-GESCHICHTEN

Das goldige Geschäft

LÖSUNG: b) Ein goldenes Klo
ERKLÄRUNG: Das Guggenheim Museum stellte 2016 eine voll funktionsfähige, 18-karätige Gold-Toilette aus.
Kunst zum Draufkacken - im wahrsten Sinne des Wortes!

Lebensretter

LÖSUNG: c) Ein Dixie-Klo
ERKLÄRUNG: 2009 überlebte ein Pilot einen Absturz, weil er in eine Reihe Dixie-Klos krachte. Die weichste Notlandung aller Zeiten!

Königliches Geschäft

LÖSUNG: b) Gemeinschafts-Klos
ERKLÄRUNG: Unter Heinrich VIII. gab es Gemeinschafts-Toiletten - auch der König erledigte sein Geschäft in geselliger Runde. Royales Gruppenkacken!

Klo-Restaurant

LÖSUNG: b) Essen aus Kloschüsseln
ERKLÄRUNG: Das "Modern Toilet" Restaurant in Taiwan serviert Essen in Klo-förmigen Schüsseln. Endlich mal ein Ort, wo man mit dem Essen spielen darf!

Musik auf'm Klo

LÖSUNG: b) Eine Musikanlage
ERKLÄRUNG: Japanische Luxus-Klos spielen Musik, um peinliche Geräusche zu übertönen. Eine echte Klo-Symphonie!

Archäologische Klo-Funde

LÖSUNG: b) Essgewohnheiten
ERKLÄRUNG: Aus den alten römischen Latrinen können Forscher ablesen, was die Römer aßen. Die älteste Food-Dokumentation der Welt!

Space-Toilette

LÖSUNG: d) Pipi im Stehen für Frauen
ERKLÄRUNG: Die NASA entwickelte 2020 ein Klo, das auch Frauen das Pinkeln im Stehen ermöglicht. Ein kleiner Schritt fürs Klo, ein großer Schritt für die Menschheit!

LÖSUNGEN LÖSUNGEN

KLO-KULTUREN & TRENDS

Antikes Bad-Business

LÖSUNG: c) Die indigenen Völker
ERKLÄRUNG: Die indigenen Völker verbanden als einzige ihre Hygiene-Rituale mit spiritueller Bedeutung.

Saubere Sache

LÖSUNG: b) Mit Sand
ERKLÄRUNG: Die indigenen Völker Amerikas nutzten Sand oder Lehm zur Reinigung.

Klo-Evolution

LÖSUNG: c) Abwasserkanäle
ERKLÄRUNG: Die ersten Abwasserkanäle waren der wichtigste Fortschritt für die sanitäre Entwicklung.

Kultur-Clash

LÖSUNG: c) High-Tech-Funktionen
ERKLÄRUNG: Die vielen technischen Funktionen japanischer Toiletten verwirren Reisende am meisten.

Moderne Zeiten

LÖSUNG: b) Gender-neutrale Klos
ERKLÄRUNG: Geschlechtsneutrale Toiletten sind der neueste Trend in der Klo-Entwicklung.

Klo der Zukunft

LÖSUNG: b) Gesundheits-Check
ERKLÄRUNG: Moderne Smart-Toiletten können tatsächlich Gesundheitswerte messen.

Umwelt-Klos

LÖSUNG: b) Kompostklo
ERKLÄRUNG: Komposttoiletten sind besonders umweltfreundlich, da sie Abfall in wertvollen Dünger verwandeln.

KRASSE KLO-REKORDE

Ohne Klo
LÖSUNG: c) 419 Millionen
ERKLÄRUNG: 419 Millionen Menschen müssen ihr Geschäft unter freiem Himmel verrichten.

Klo-Armut
LÖSUNG: c) 2 Milliarden
ERKLÄRUNG: Über 2 Milliarden Menschen haben keinen Zugang zu einer richtigen Toilette.

Klo-Business
LÖSUNG: c) 6 Dollar Gewinn
ERKLÄRUNG: Jeder in Klo-Hygiene investierte Dollar bringt 6 Dollar durch bessere Gesundheit zurück.

Teures Geschäft
LÖSUNG: b) 223 Milliarden
ERKLÄRUNG: Schlechte Klo-Hygiene kostet die Welt jährlich 223 Milliarden Dollar.

Klo-Statistik
LÖSUNG: c) 57% der Menschen
ERKLÄRUNG: Nur 57% der Weltbevölkerung haben Zugang zu einem sicheren Klo.

Gefährliches Geschäft
LÖSUNG: c) 1,4 Millionen Menschen
ERKLÄRUNG: Jährlich sterben 1,4 Millionen Menschen durch mangelnde Sanitärversorgung.

Lebenszeit auf'm Thron
LÖSUNG: c) 3 Jahre
ERKLÄRUNG: Ein Mensch verbringt im Durchschnitt etwa 3 Jahre seines Lebens auf der Toilette.

GRIPS BEWEISEN BEIM SCHEIßEN

POETRY-SLAM AUF'M KLO

Die stille Reise
LÖSUNG: c) a) hoffe, es wird keine lange Reise
ERKLÄRUNG: Der komplette Spruch lautet: "Hier sitze ich und drücke leise, hoffe, es wird keine lange Reise"

Der königliche Thron
LÖSUNG: d) und drücke einen großen Ton
ERKLÄRUNG: Der komplette Spruch lautet: "Hier sitze ich auf meinem Thron und drücke einen großen Ton"

Stille Runde
LÖSUNG: d) und drück aus meinem Darmesgrund
ERKLÄRUNG: Der komplette Spruch lautet: "Hier sitz ich still zur Morgenrund und drück aus meinem Darmesgrund"

Klo-Meditation
LÖSUNG: d) und drücke wie ein wildes Tier
ERKLÄRUNG: Der komplette Spruch lautet: "In aller Ruhe sitz ich hier und drücke wie ein wildes Tier"

Große Geschäfte
LÖSUNG: d) gleich geht die braune Masse ab
ERKLÄRUNG: Der komplette Spruch lautet: "Der Druck war groß, die Zeit war knapp, gleich geht die braune Masse ab"

Kluge Gedanken
LÖSUNG: d) beim Kacken auf dem Klo allhier
ERKLÄRUNG: Der komplette Spruch lautet: "Die besten Ideen kommen mir beim Kacken auf dem Klo allhier"

Stille Klage
LÖSUNG: a) nun sitz ich hier und lasse los
ERKLÄRUNG: Der komplette Spruch lautet: "Die Zeit ist knapp, denn der Druck ist groß, nun sitz ich hier und lasse los"

LÖSUNGEN LÖSUNGEN LÖSUNGEN LÖSUNGEN LÖSUNGEN LÖSUNGEN

DARM-ALARM

Das ist der Weg

LÖSUNG: c) 9 Meter
ERKLÄRUNG: Dein Verdauungstrakt ist ein 9-Meter-Rutschparadies - länger als ein Kleinbus!

Zeitreise

LÖSUNG: c) 30-40 Stunden
ERKLÄRUNG: Dein Essen braucht bis zu 40 Stunden für die komplette Verdauungsreise. Eine echte Weltreise durch deinen Körper!

Schnelle Anpassung

LÖSUNG: b) Nach 48 Stunden
ERKLÄRUNG: Deine Darmbakterien stellen sich innerhalb von 48 Stunden auf neue Ernährung ein. Schneller als jede Diät-App!

Magen-Power

LÖSUNG: c) Magensäure
ERKLÄRUNG: Dein Magen produziert eine Säure, die sogar Metall zersetzen könnte. Ein echtes Chemielabor im Bauch!

Darmsalat

LÖSUNG: d) Bakterien, Pilze und Viren
ERKLÄRUNG: In deinem Darm lebt ein ganzer Zoo aus Mikroorganismen. Eine WG mit Billionen von Mitbewohnern!

Verdauungs-Start

LÖSUNG: a) Im Mund
ERKLÄRUNG: Die Verdauung beginnt schon im Mund - dein Spucke enthält die ersten Verdauungsenzyme. Der Startschuss fällt beim ersten Bissen!

Dickdarm-Fakten

LÖSUNG: b) 1,5-2,5 Meter
ERKLÄRUNG: Dein Dickdarm ist etwa 1,5-2,5 Meter lang - ungefähr so lang wie 15-25 Würstchen hintereinander!

BAUCH-GEFÜHLE

Glücks-Fabrik

LÖSUNG: c) Im Darm

ERKLÄRUNG: Der Darm ist eine echte Glücksfabrik - 95% des Glückshormons Serotonin wird hier produziert. Dieses Hormon ist entscheidend für unsere gute Laune.

Stress-Alarm

LÖSUNG: c) Bringt ihn durcheinander

ERKLÄRUNG: Stress und Angst können die Darmaktivität komplett durcheinanderbringen. Das erklärt auch Durchfall oder Verstopfung in stressigen Situationen.

Gefühls-Botschafter

LÖSUNG: b) Der Vagusnerv

ERKLÄRUNG: Der Vagusnerv ist wie eine Datenautobahn zwischen Darm und Gehirn - er leitet Informationen und Gefühle in beide Richtungen.

Bakterien-Gefühle

LÖSUNG: c) Werden weniger vielfältig

ERKLÄRUNG: Unterdrückte Gefühle schaden der Vielfalt der Darmbakterien. Je mehr Gefühle wir zulassen, desto gesünder ist unsere Darmflora.

Bauch-Entscheidung

LÖSUNG: b) Sendet echte Signale

ERKLÄRUNG: Das "Bauchgefühl" ist keine Einbildung - der Darm hat ein eigenes Nervensystem und sendet echte Signale ans Gehirn.

Darm-Therapeut

LÖSUNG: d) Alles zusammen

ERKLÄRUNG: Für einen gesunden Darm braucht es einen ganzheitlichen Ansatz aus guter Ernährung, Stressabbau und bei Bedarf medizinischer Hilfe.

Gefühlvolle Bakterien

LÖSUNG: b) Produzieren Hormone

ERKLÄRUNG: Darmbakterien sind kleine Hormonfabriken - sie produzieren Botenstoffe, die direkt unsere Stimmung beeinflussen können.

VERDAUUNGS-CHAMPIONS

Säure-König
LÖSUNG: c) Wie Batteriesäure
ERKLÄRUNG: Deine Magensäure ist so stark wie Batteriesäure - könnte theoretisch ein Loch in deine Jeans ätzen!

Darm-Express
LÖSUNG: b) Mit einer Muskelwelle
ERKLÄRUNG: Dein Darm schiebt das Essen mit einer Wellenbewegung weiter - wie ein körpereigenes Förderband!

Speichel-Rekord
LÖSUNG: b) 1 Liter
ERKLÄRUNG: Du produzierst täglich etwa einen Liter Spucke - eine ganze Cola-Flasche voll!

Darm-Power
LÖSUNG: c) Billionen
ERKLÄRUNG: In deinem Darm leben mehr Bakterien als Menschen auf der Erde. Eine richtige Bakterien-Großstadt!

Magenknurren
LÖSUNG: c) Alle 45-90 Minuten
ERKLÄRUNG: Dein Magen knurrt regelmäßig - auch wenn du satt bist. Ein eingebauter Taktgeber!

Enzym-Monster
LÖSUNG: c) In der Bauchspeicheldrüse
ERKLÄRUNG: Die Bauchspeicheldrüse ist deine Enzym-Fabrik. Hier entstehen die wichtigsten Verdauungshelfer!

Darm-Oberfläche
LÖSUNG: d) Wie ein Tennisplatz
ERKLÄRUNG: Die Oberfläche deines Darms ist durch die vielen Falten so groß wie ein Tennisplatz. Ein echtes Raumwunder!

VERDAUUNGS-PHASEN

Der erste Kontakt

LÖSUNG: b) Der Speichel fließt
ERKLÄRUNG: Schon beim Anblick oder Geruch von Essen beginnt dein Körper mit der Verdauung - dein Körper denkt voraus!

Kopfphase

LÖSUNG: c) Der erste Geruch
ERKLÄRUNG: Dein Gehirn startet die Verdauung bereits beim ersten Essensduft - das nennt man "Kopfphase"!

Phase Zwei

LÖSUNG: b) Magensaftbildung
ERKLÄRUNG: In Phase 2 geht's richtig los: Der Magen produziert seine Super-Säure für die Verdauung!

Magen-Tanz

LÖSUNG: c) Knetet es
ERKLÄRUNG: Dein Magen knetet das Essen wie ein Bäcker seinen Teig. Eine echte Knet-Massage!

Phase Drei

LÖSUNG: c) Die Darmphase
ERKLÄRUNG: Im Darm passiert die meiste Verdauungsarbeit. Hier wird aus Essen Energie!

Verdauungs-Team

LÖSUNG: d) Alle zusammen
ERKLÄRUNG: Leber, Galle und Bauchspeicheldrüse arbeiten als perfektes Team zusammen. Wie die drei Musketiere der Verdauung!

Ruhephase

LÖSUNG: b) Produziert wenig Säure
ERKLÄRUNG: Zwischen den Mahlzeiten schaltet dein Verdauungssystem in den Energiesparmodus!

DEIN ZWEITES GEHIRNS

Mega-Hirn
LÖSUNG: d) 500 Millionen
ERKLÄRUNG: Dein Darm hat mehr Nervenzellen als das Rückenmark - ein echtes Superhirn im Bauch!

Eigenständiges System
LÖSUNG: c) Funktioniert selbstständig
ERKLÄRUNG: Dein Darm kann ohne Anweisungen vom Kopf arbeiten - ein autonomer Rebell!

Darm-Power
LÖSUNG: d) Alles davon
ERKLÄRUNG: Der Darm steuert selbstständig Verdauung, Bewegung und Durchblutung - ein echtes Multitalent!

Doppelte Kontrolle
LÖSUNG: b) Zwei verschiedene
ERKLÄRUNG: Mit dem Auerbach- und Meissner-Nervennetz hat dein Darm zwei Steuerungszentralen!

Sinnes-Champion
LÖSUNG: d) Druck und Chemie
ERKLÄRUNG: Dein Darm spürt sowohl mechanische als auch chemische Reize - ein sensibler Alleskönner!

Botenstoff-Party
LÖSUNG: c) Etwa 30
ERKLÄRUNG: Dein Darm nutzt über 30 verschiedene Botenstoffe zur Kommunikation - mehr als jedes soziale Netzwerk!

Super-Sensoren
LÖSUNG: b) Fühlen
ERKLÄRUNG: Die Nerven im Darm sind sensible Fühler für alle möglichen Reize. Ein High-Tech-Sensorsystem!

BOTENSTOFFE & KOMMUNIKATION

Glücks-Produktion

LÖSUNG: d) 90% des Körpers
ERKLÄRUNG: Über 90% des Glückshormons Serotonin wird im Darm produziert - dein Bauch ist eine echte Glücksfabrik!

Doping im Darm

LÖSUNG: d) 50% des Körpers
ERKLÄRUNG: Die Hälfte des gesamten Dopamins entsteht im Darm - ein natürliches Dopinglabor!

Hormon-Helfer

LÖSUNG: c) Adrenalin
ERKLÄRUNG: Die "Glückshormone" Serotonin und Dopamin sowie das "Schlafhormon" Melatonin werden zum großen Teil im Darm produziert. Adrenalin hingegen wird in den Nebennieren hergestellt.

Nerven-Autobahn

LÖSUNG: b) Über den Vagusnerv
ERKLÄRUNG: Der Vagusnerv ist die Daten-Autobahn zwischen Darm und Gehirn - eine Direktleitung ohne Stau!

Unabhängigkeits-Erklärung

LÖSUNG: c) Mit vielen Systemen
ERKLÄRUNG: Selbst ohne Verbindung zum Gehirn macht dein Darm einfach weiter - ein echter Einzelgänger!

Team-Player

LÖSUNG: d) Alle zusammen
ERKLÄRUNG: Dein Darm arbeitet mit Gehirn, Immunsystem und Bakterien zusammen - der ultimative Teamplayer!

Kommunikations-Genie

LÖSUNG: c) In beide Richtungen
ERKLÄRUNG: Darm und Gehirn führen einen ständigen Dialog in beide Richtungen - wie bei einem guten Pingpong-Match!

POWER-PRESS

Der Point of no Return
LÖSUNG: b) Eine automatische Darmbewegung
ERKLÄRUNG: Ist der Reflex ausgelöst, startet eine nicht mehr zu stoppende Muskelkontraktion!

Die Welle machen
LÖSUNG: c) Mit einer Muskelwelle
ERKLÄRUNG: Dein Darm kann ohne Anweisungen vom Kopf arbeiten - ein autonomer Rebell!

Das zweite Gehirn
LÖSUNG: d) Das Darmnervensystem
ERKLÄRUNG: Ein eigenes Nervensystem im Darm steuert autonom alle Bewegungen - unser "Bauchhirn"!

Der Countdown läuft
LÖSUNG: b) Spezielle Drucksensoren
ERKLÄRUNG: Mit dem Auerbach- und Meissner-Nervennetz hat dein Darm zwei Steuerungszentralen!

Die große Blockade
LÖSUNG: c) Der Transport wird langsamer
ERKLÄRUNG: Bei verlangsamter Darmbewegung wird der Transport deutlich verzögert!

Der große Druck
LÖSUNG: d) Die Wandspannung
ERKLÄRUNG: Die Sensoren registrieren, wie stark die Darmwand gedehnt wird!

Das große Finale
LÖSUNG: a) Als Doppel-Verschluss
ERKLÄRUNG: Zwei Muskeln arbeiten zusammen: einer automatisch, einer willentlich steuerbar!

STÖRUNGS-MELDER

Die Notfall-Kaskade
LÖSUNG: c) Schlägt Alarm
ERKLÄRUNG: Der Körper aktiviert sofort den Stress-Modus - höchste Alarmstufe!

Der Streik-Brecher
LÖSUNG: b) Bewegung und Ballaststoffe
ERKLÄRUNG: Sport und Faserstoffe sind der natürliche Turbo für die Darmbewegung!

Der Timing-Experte
LÖSUNG: d) Nach dem Essen
ERKLÄRUNG: Nach der Mahlzeit schaltet der Darm automatisch in den Power-Modus!

Die Druck-Messung
LÖSUNG: b) Mit verstärkter Bewegung
ERKLÄRUNG: Bei Dehnung startet der Darm automatisch sein Transport-Programm!

Der Stress-Test
LÖSUNG: a) Bremst ihn aus
ERKLÄRUNG: Stress aktiviert die "Notbremse" und verlangsamt die Darmbewegungen!

Die Nerven-Sache
LÖSUNG: d) Mehr als ein Katzengehirn
ERKLÄRUNG: Mit Hunderten Millionen Nervenzellen ist unser Darmhirn ein echtes Superhirn!

Der Muskel-Profi
LÖSUNG: c) Automatische Muskeln
ERKLÄRUNG: Spezielle selbständige Muskeln - die glatte Ring- und Längsmuskulatur arbeitet automatisch und kann nicht willentlich gesteuert werden!

DRUCK-CHECKER

Der Sensor-Meister

LÖSUNG: b) Die Füllmenge
ERKLÄRUNG: Millionen Mini-Sensoren überwachen ständig, wie voll der Darm ist!

Die Muskel-Welle

LÖSUNG: a) Schneckentempo plus
ERKLÄRUNG: Mit 2-25 cm pro Minute bewegt sich der Darm perfekt kontrolliert vorwärts!

Der Druck-Monitor

LÖSUNG: d) Bei einer Tasse Volumen
ERKLÄRUNG: Ab etwa 100-150ml (eine Tasse) Füllung schlagen die Sensoren Alarm!

Die Kraft-Maschine

LÖSUNG: c) Wie ein Notfall-Ventil
ERKLÄRUNG: Bei Dehnung startet der Darm automatisch sein Transport-Programm!

Der Zeit-Faktor

LÖSUNG: b) Zwei bis drei Sekunden
ERKLÄRUNG: Eine peristaltische Welle braucht etwa 2-3 Sekunden für einen kompletten Kontraktions-Entspannungs-Zyklus!

Die Druck-Ampel

LÖSUNG: c) Bei kritischem Druck
ERKLÄRUNG: Ab einem bestimmten Druck gibt's kein Halten mehr - Action!

Der Muskel-Mix

LÖSUNG: d) Im perfekten Teamwork
ERKLÄRUNG: Längs- und Ringmuskeln arbeiten wie ein eingespieltes Team zusammen!

DRUCK-SPEZIAL

Die Notfall-Zentrale

LÖSUNG: a) Im Rückenmark

ERKLÄRUNG: Das sakrale Defäkationszentrum im Rückenmark koordiniert als oberste Instanz den gesamten Prozess!

Der Transport-Express

LÖSUNG: c) Glückshormon Serotonin

ERKLÄRUNG: 90% des körpereigenen Serotonins wird im Darm produziert und steuert die Bewegungen!

Die Muskel-Bremse

LÖSUNG: b) Der Ruhe-Nerv

ERKLÄRUNG: Der Parasympathikus (Ruhe-Nerv) sorgt für die wichtige Entspannung der Muskulatur!

Der Druck-Test

LÖSUNG: b) Im Enddarm

ERKLÄRUNG: Der Enddarm baut mit bis zu 55 mmHg den höchsten Druck für die finale Phase auf!

Die Nerven-Sache II

LÖSUNG: c) Über Nervenbahnen

ERKLÄRUNG: Der Vagusnerv ist die direkte Datenautobahn zwischen Gehirn und Darm!

Der Reflex-Checker

LÖSUNG: d) Bei maximaler Dehnung

ERKLÄRUNG: Wenn die Darmwand maximal gedehnt ist, wird der Defäkationsreflex unweigerlich ausgelöst!

Die Darm-Uhr

LÖSUNG: b) Die Nahrungsaufnahme

ERKLÄRUNG: Der gastrokolische Reflex sorgt nach dem Essen für maximale Darmaktivität!

KLO-KOPF-KINO

Der stille Schrei

LÖSUNG: a) Fight-or-Flight-Reaktion
ERKLÄRUNG: Der Körper aktiviert den Urzeit-Notfallmodus - als würde ein Säbelzahntiger vor der Toilette lauern!

Die Schatten-Sitzung

LÖSUNG: d) Angst vor Spülgeräuschen
ERKLÄRUNG: Mit 2-25 cm pro Minute bewegt sich der Darm perfekt kontrolliert vorwärts!

Der geheime Code

LÖSUNG: b) Durch geteilte Erfahrungen
ERKLÄRUNG: Support-Gruppen sind der wichtigste Kommunikationsweg - kein Geheimcode nötig!

Die Trauma-Taktik

LÖSUNG: a) Ein peinlicher Schulmoment
ERKLÄRUNG: Die Schulzeit prägt unsere Toiletten-Psyche - manchmal ein Leben lang!

Der Psycho-Plot

LÖSUNG: b) Anale Phase
ERKLÄRUNG: Sigmund Freud sah in der Toiletten-Erziehung einen Schlüssel zur Persönlichkeitsentwicklung!

Die Ritual-Rebellion

LÖSUNG: a) Positives Umdeuten
ERKLÄRUNG: Nicht gegen die Angst kämpfen, sondern sie als Schutzreflex verstehen lernen!

Der Stress-Test

LÖSUNG: b) An der Sitzplatzwahl
ERKLÄRUNG: Menschen mit Toiletten-Angst wählen stets Plätze nahe dem Ausgang oder der Toilette - ein typisches Verhaltensmuster!

PSYCHO-PORZELLAN

Die Druck-Kontrolle
LÖSUNG: b) Die eigene Toilette
ERKLÄRUNG: Das eigene stille Örtchen ist der König unter den Thronen - hier stimmt das Revier-Gefühl!

Die Hilfs-Mission
LÖSUNG: a) Konfrontations-Therapie
ERKLÄRUNG: Schrittweise der Angst begegnen schlägt Vermeidung - auch wenn Klo-Yoga verlockend klingt!

Die Stress-Spirale
LÖSUNG: b) Wartende Menschen
ERKLÄRUNG: Der gefühlte Druck durch wartende Personen ist der größte Stress-Verstärker!

Die Rutsch-Partie
LÖSUNG: a) "Händewaschen"
ERKLÄRUNG: Die Hygiene-Ausrede ist der Klassiker - sozial akzeptiert und immer griffbereit!

Der Kontroll-Freak
LÖSUNG: b) Zwanghafte Züge
ERKLÄRUNG: Übertriebenes Putzverhalten kann auf eine zwanghafte Persönlichkeit hinweisen!

Die Flüster-Post
LÖSUNG: c) Geheime Ängste
ERKLÄRUNG: Die Toilette ist oft ein geschützter Raum für vertrauliche Gespräche!

Der Not-Ausgang
LÖSUNG: c) Soziale Überladung
ERKLÄRUNG: Viele nutzen den Klogang als legitime Pause von sozialer Überforderung!

TOILETTEN-TRAUMA-TEAM

Die Flucht-Route

LÖSUNG: c) Angst vor Keimen
ERKLÄRUNG: Die Bakterien-Phobie ist der Hauptgrund für das "Heimspiel-Syndrom"!

Der Panik-Plan

LÖSUNG: b) Routinen entwickeln
ERKLÄRUNG: Feste Abläufe geben Sicherheit - der Psycho-Trick der Profis!

Die Notfall-Nummer

LÖSUNG: b) Atemübungen
ERKLÄRUNG: Kontrollierte Atmung beruhigt den Stresskreislauf - funktioniert sogar auf'm Klo!

Der Selbst-Check

LÖSUNG: a) Klo-Kartierung
ERKLÄRUNG: Wer alle verfügbaren Toiletten einer Stadt kartiert, zeigt möglicherweise übertriebenes Angstverhalten!

Die Trauma-Therapie

LÖSUNG: b) Verhaltenstherapie
ERKLÄRUNG: Professionelle Hilfe schlägt Selbstmedikation - auch beim Toiletten-Trauma!

Der Psycho-Trick

LÖSUNG: c) Digitale Ablenkung
ERKLÄRUNG: Das Smartphone ist der moderne Angst-Killer - nicht umsonst wird es so oft mit aufs Klo genommen!

Die Gewohnheits-Falle

LÖSUNG: b) Ständiges Aufschieben
ERKLÄRUNG: Wer aufschiebt, trainiert die Angst - ein klassischer Teufelskreis!

PSYCHO-PORZELLAN-PANIK

Die Klopapier-Krise

LÖSUNG: c) Angststörung
ERKLÄRUNG: Extremes Horten von Toilettenpapier kann ein Zeichen für eine zugrundeliegende Angststörung sein!

Die Spülungs-Spirale

LÖSUNG: b) Kontrollzwang
ERKLÄRUNG: Das zwanghafte Mehrfachspülen ist ein klassisches Symptom für einen Kontrollzwang!

Der Hygiene-Horror

LÖSUNG: d) Luftübertragung
ERKLÄRUNG: Die Angst vor Keimübertragung durch Toilettenluft ist weitgehend unbegründet!

Die Selbst-Sabotage

LÖSUNG: a) Zu viel Internet-Recherche
ERKLÄRUNG: Dr. Google verstärkt oft vorhandene Ängste durch Überdramatisierung!

Die Klo-Karriere

LÖSUNG: a) Lehrer
ERKLÄRUNG: Der streng getaktete Schulalltag macht Lehrern besonders zu schaffen!

Die Psycho-Prophezeiung

LÖSUNG: b) Erwartete Probleme
ERKLÄRUNG: Wer Probleme erwartet, programmiert sie oft unbewusst selbst!

Der Therapie-Test

LÖSUNG: b) Totale Vermeidung
ERKLÄRUNG: Vermeidung ist der größte Verstärker von Ängsten - ein klassischer Therapie-Fehler!

Kack-Geschichten
Kreuzworträtsel - Lösung

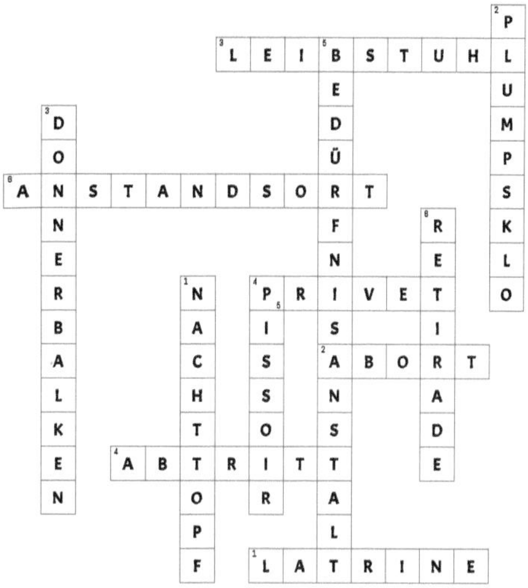

Throne der Welt
Kreuzworträtsel - Lösung

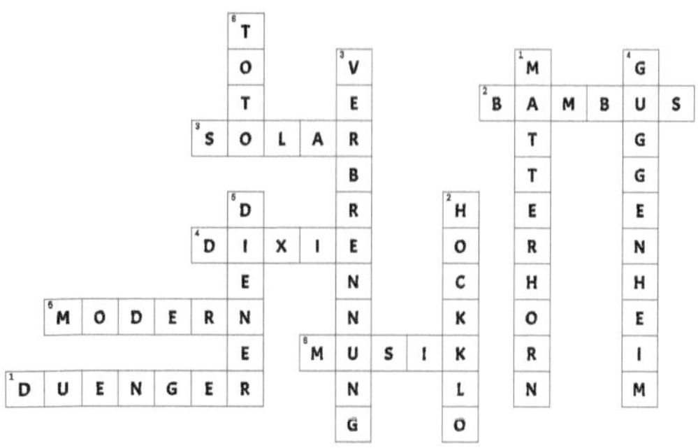

Klo-Kulturen und Trends Kreuzworträtsel - Lösung

Krasse Klo-Rekorde Kreuzworträtsel - Lösung

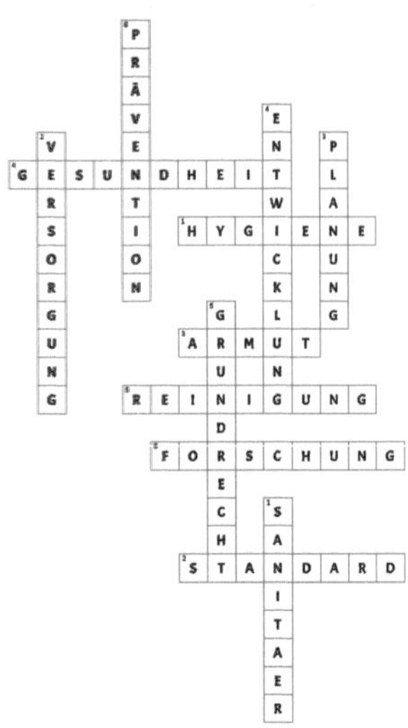

Poetry Slam Auf'm Klo
Kreuzworträtsel - Lösung

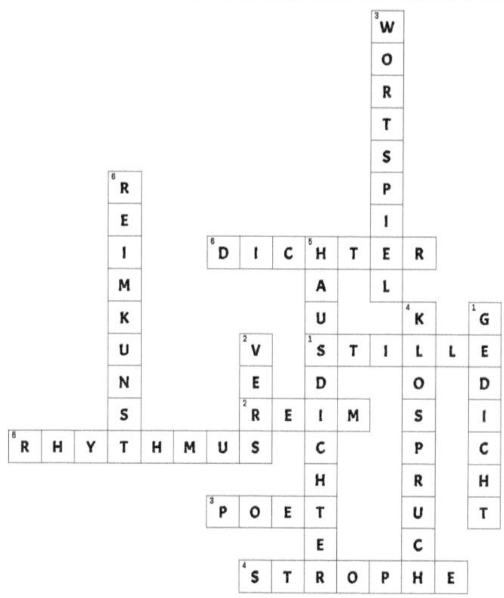

Darm-Alarm
Kreuzworträtsel - Lösung

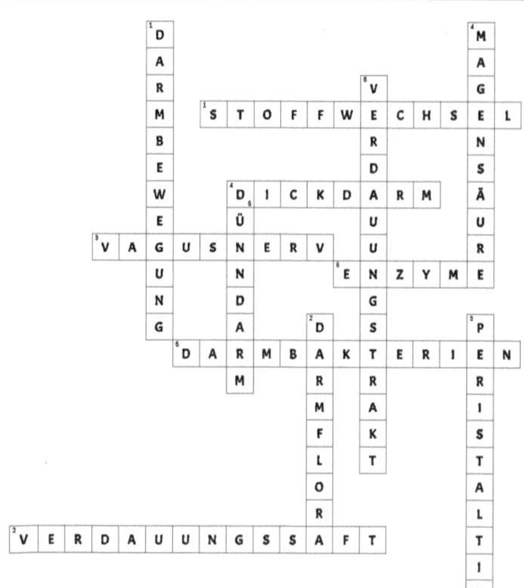

LÖSUNGEN

Verdauungs-Champions
Kreuzworträtsel - Lösung

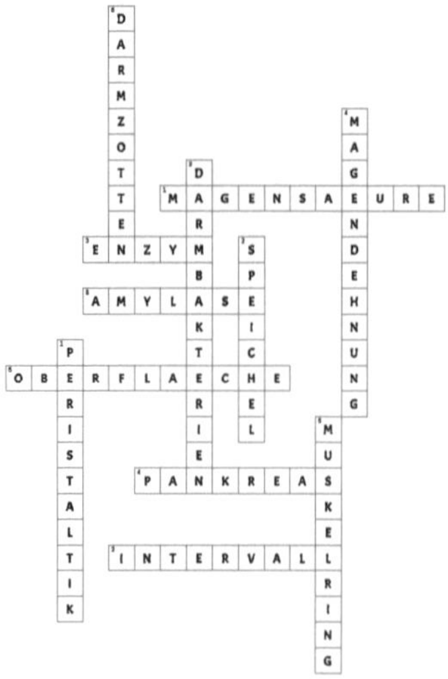

Botenstoffe und Kommunikation
Kreuzworträtsel - Lösung

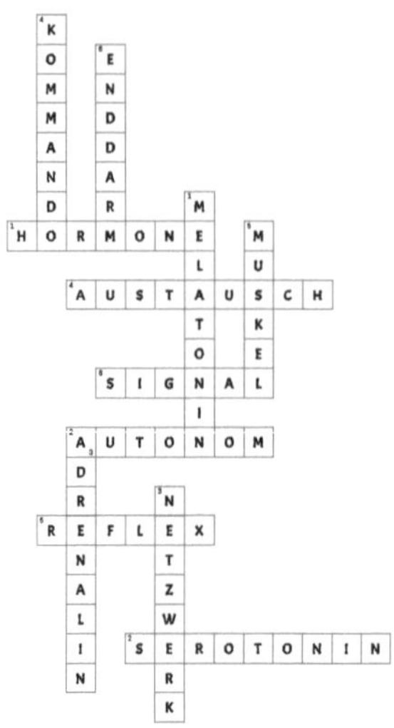

GRIPS BEWEISEN BEIM SCHEIßEN

LÖSUNGEN

Powerpress
Kreuzworträtsel - Lösung

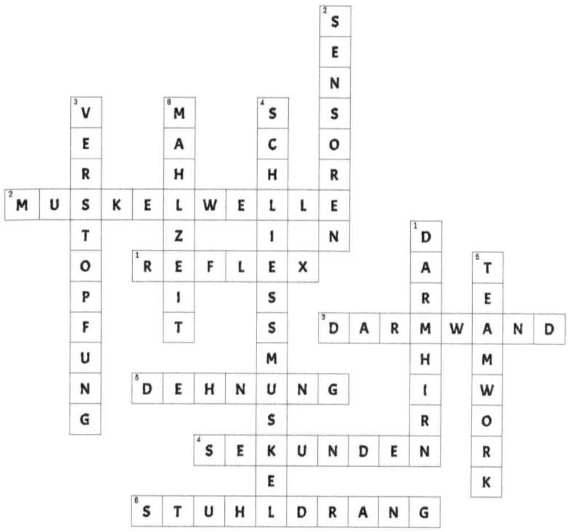

Psycho Porzelan
Kreuzworträtsel - Lösung

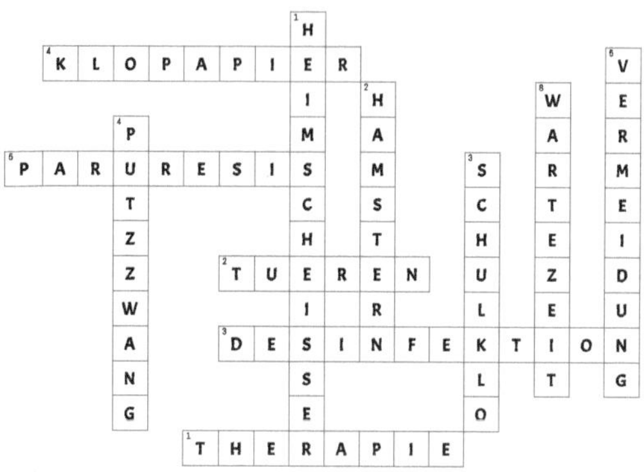

TIERISCHE KLO-FAKTEN I

Der große Gleichmacher

LÖSUNG: b) 12 Sekunden

ERKLÄRUNG: Egal ob Maus oder Elefant - dank einer speziellen Schleimschicht rutscht bei allen nach 12 Sekunden der Vorhang!

Faultier-Fitness

LÖSUNG: b) Einmal pro Woche

ERKLÄRUNG: Ein wöchentlicher Ausflug nach unten - für's Geschäft und vielleicht ein Date!

Schwimmer oder Sinker?

LÖSUNG: c) Die Schwimmfähigkeit

ERKLÄRUNG: Pflanzenfresser produzieren Schwimmer, Fleischfresser Sinker - sozusagen die Titanic-Versionen der Tierwelt! Liegt an den pflanzlichen Balaststoffen

Gemeinschaftsklo

LÖSUNG: b) Waschbären, Elefanten und Hirsche

ERKLÄRUNG: Diese Tiere betreiben regelrechte "Social Media Plattformen" - nur eben analog und etwas duftender!

Der älteste Abort

LÖSUNG: d) 240 Millionen Jahre

ERKLÄRUNG: Gefunden in Argentinien - die Dicynodonts waren wahre Trendsetter in Sachen Gemeinschaftsklo!

Duftnoten-Ranking

LÖSUNG: a) Tiger und Nashorn

ERKLÄRUNG: Die Gewinner der "Goldenen Duftkerze" - Pandakot ist übrigens der mildeste. Jetzt wissen Sie, warum sie so beliebt sind!

Stinkende Wissenschaft

LÖSUNG: b) Astronauten-Windeln

ERKLÄRUNG: Von der Natur lernen heißt siegen lernen - selbst im Weltraum!

TIERISCHE KLO-FAKTEN II

Dünger-Dilemma

LÖSUNG: b) Er ist zu konzentriert an einzelnen Stellen
ERKLÄRUNG: Anders als in der Natur kommt hier zu viel auf einen Haufen - das bringt das Ökosystem aus der Balance!

Der große Gurken-Deal

LÖSUNG: b) Das Erdferkel
ERKLÄRUNG: Die Gurke wächst unterirdisch und braucht das Erdferkel als "Postboten" für ihre Samen. Das nenne ich mal eine fruchtbare Zusammenarbeit!

Pilz-Party

LÖSUNG: b) In Maulwurf-Toiletten
ERKLÄRUNG: Ein Pilz mit äußerst speziellem Geschmack - sozusagen der Feinschmecker unter den Fungi!

Recycling-Meister

LÖSUNG: c) Für zusätzliche Nährstoffe
ERKLÄRUNG: Kaninchen und einige Nager betreiben "Wiederverwertung" - quasi ein biologisches Recycling-Programm!

Elefanten-Express

LÖSUNG: c) Sie haben eine dickere Schleimschicht
ERKLÄRUNG: Mehr Schmierung = mehr Durchsatz. So schaffen große Tiere mehr Masse in der Standard-Zeit von 12 Sekunden!

Toiletten-Taktik

LÖSUNG: b) Zur Feindvermeidung
ERKLÄRUNG: Clever diese Wölfe - der Kot könnte Feinden den Weg zum Schlafplatz verraten. Sicher ist sicher!

Die große Anpassung

LÖSUNG: a) Sie suchen sich neue Gebiete
ERKLÄRUNG: Die Tiere ziehen in weniger geeignete Lebensräume um - ein echtes Umwelt-Domino!

TIERISCHE KLO-FAKTEN III

Der große Anpassungskünstler

LÖSUNG: c) Sie nimmt ab
ERKLÄRUNG: Während die Kotproduktion steigt, wird weniger gepinkelt - die perfekte Work-Pee-Balance!

Kack-Kompass

LÖSUNG: c) Weit weg von Fress- und Schlafplätzen
ERKLÄRUNG: Keine Geschäfte, wo man isst und schläft - diese Etikette gilt auch im Tierreich!

Dungkäfer-Dinner

LÖSUNG: b) Kleine Insektenkolonien
ERKLÄRUNG: Für Insekten sind diese Hügel wie ein 5-Sterne-Restaurant!

Chemie-Labor

LÖSUNG: c) Die Verdauungseffizienz
ERKLÄRUNG: Der Kot ist wie ein Laborprotokoll der Verdauung - da steckt die ganze Geschichte drin!

Umwelt-Update

LÖSUNG: c) Die lokale Biodiversität wird gestört
ERKLÄRUNG: Wenn das stille Örtchen umzieht, gerät das ganze Ökosystem durcheinander!

Frühlings-Duft

LÖSUNG: b) Im Frühling
ERKLÄRUNG: Wenn die Hormone tanzen, wird fleißig markiert - quasi das tierische Dating-Profil!

Tiere als Gärtner

LÖSUNG: b) Stickstoff und Phosphor
ERKLÄRUNG: Die natürliche Düngerfabrik arbeitet rund um die Uhr - und das völlig kostenlos!

VERDAUUNGS-PROFIS

Der große Unterschied

LÖSUNG: a) Die Länge des Darms
ERKLÄRUNG: Fleischfresser haben's kurz und knackig - Pflanzenfresser brauchen die XXL-Version für ihre Ballaststoffe!

Magen-Meister

LÖSUNG: b) Spezielle Fermentationskammern
ERKLÄRUNG: Die perfekte Bio-Gasanlage - da wird Gras zu Gas und Energie!

All you can eat

LÖSUNG: b) Sie kombinieren Merkmale von Pflanzen- und Fleischfressern
ERKLÄRUNG: Die ultimativen Food-Flexitarier der Natur - vom Honig bis zum Steak alles dabei!

Chemisches Wunder

LÖSUNG: b) Im Maul
ERKLÄRUNG: Kauen ist der erste Schritt zum Glück - da wird schon fleißig chemisch gewerkelt!

Effektivitäts-Test

LÖSUNG: b) Seine hohe Säurekonzentration
ERKLÄRUNG: Eine Säure-Party, bei der selbst Metall kapitulieren würde - aber die Magenwand hält's aus!

Team-Chef

LÖSUNG: c) Milz
ERKLÄRUNG: Die Milz ist mehr der Security-Chef des Immunsystems - mit Essen hat sie nichts am Hut!

Energie-Bilanz

LÖSUNG: b) Fleisch ist leichter verdaulich
ERKLÄRUNG: Fleisch ist wie Fast Food - schnell verarbeitet, während Pflanzen wie ein 7-Gänge-Menü sind!

UMWELT & ÖKOLOGIE

Stinkende Statistik

LÖSUNG: d) 97%

ERKLÄRUNG: Ein kleiner Beutel für den Menschen, ein großer Schritt für die Umwelt - fast der komplette Phosphor bleibt der Natur erspart!

Blumen-Booster

LÖSUNG: b) Bestimmte Pflanzen verdrängen andere

ERKLÄRUNG: Zu viel des Guten - die Nährstoff-Gourmets unter den Pflanzen machen sich breit!

Kreislaufwirtschaft der Wildnis

LÖSUNG: c) Sie verteilen Nährstoffe gleichmäßig im Ökosystem

ERKLÄRUNG: Im Gegensatz zu Haustieren und Massentierhaltung - hier klappt's mit der natürlichen Balance!

Fossil-Finder

LÖSUNG: b) Zur Klimaforschung

ERKLÄRUNG: Diese uralten Haufen erzählen uns Geschichten über vergangene Klimabedingungen - quasi eine versteinerte Wetterstationen!

Käfer-Karriere

LÖSUNG: b) Dungkäfer und Fliegen

ERKLÄRUNG: Die fleißigsten Recycling-Arbeiter der Natur - ohne Mindestlohn und Gewerkschaft!

Naturschutz-Wächter

LÖSUNG: a) Den Boden übersäuern

ERKLÄRUNG: Wenn zu viele Hunde ihr Geschäft machen, wird's dem Boden zu viel des Guten!

Öko-Balance

LÖSUNG: b) Pflanzenfresser

ERKLÄRUNG: Die großen Pflanzenverwerter sorgen für den perfekten Nährstoff-Mix im Wald - quasi die Garten-Architekten der Natur!

SPEZIELLE ARTEN & IHRE TRICKS

Sloth Life

LÖSUNG: c) 8% der Tagesenergie

ERKLÄRUNG: Der komplette Ausflug vom Baum runter und wieder rauf kostet so viel wie ein 30-minütiger Spaziergang für uns Menschen. Da plant man den Klogang gut!

Nachtisch gefällig?

LÖSUNG: b) Motten und ihre Larven

ERKLÄRUNG: Eine symbiotische Beziehung - die Motten kriegen ihr Zuhause, das Faultier seine Ruhe!

Duft-Champion

LÖSUNG: b) Tiger

ERKLÄRUNG: Der König des Dschungels mag den Titel haben, aber der Tiger ist der König der Düfte!

Wölfe unter sich

LÖSUNG: c) An strategischen Punkten

ERKLÄRUNG: Wölfe sind die Schachmeister der Reviermarkierung - jeder Haufen ein durchdachter Zug!

Elefanten-Etikette

LÖSUNG: b) Sie werden gemeinschaftlich genutzt

ERKLÄRUNG: Der gesellige Dickhäuter mag's auch beim Geschäft in Gemeinschaft - das soziale Netzwerk der Savanne!

Panda-Wissen

LÖSUNG: b) Er riecht am wenigsten

ERKLÄRUNG: Der Gentleman unter den Bären - dezent und zurückhaltend bis zum letzten Moment!

Nashorn-News

LÖSUNG: d) Über alles davon

ERKLÄRUNG: Ein Nashorn-Haufen ist wie eine komplette Lokalzeitung - Größe, Duft und Standort, alles hat Bedeutung!

BILDERSUCHRÄTSEL 1

BILDERSUCHRÄTSEL 2

BILDERSUCHRÄTSEL 3

BILDERSUCHRÄTSEL 4

LÖSUNGEN LÖSUNGEN LÖSUNGEN LÖSUNGEN LÖSUNGEN LÖSUNGEN

BILDERSUCHRÄTSEL 5

BILDERSUCHRÄTSEL 6

BILDERSUCHRÄTSEL 7

BILDERSUCHRÄTSEL 8

Impressum

Deutschsprachige Erstausgabe Januar 2025

Lembergweg 1,
70771 Leinfelden-Echterdingen, Deutschland

Herstellung und Verlag:
Tommy Apel - YomuLC

YomuLC ist eine Marke des
Yomu Verlages

1. Auflage

ISBN: 978-3-911306-04-1

Printed in Poland
by Amazon Fulfillment
Poland Sp. z o.o., Wrocław

47502712R00067